Rudolf Vögele

Die ausgetretene Kirche

T V Z

Rudolf Vögele

Die ausgetretene Kirche

**Mein Plädoyer
für ein anderes Verständnis von «glauben»**

EDITION **N Z N**
BEI **T V Z**

Theologischer Verlag Zürich

Der Theologische Verlag Zürich wird vom Bundesamt für Kultur mit einem Strukturbeitrag für die Jahre 2016–2018 unterstützt.

Die Deutsche Bibliothek – Bibliografische Einheitsaufnahme
Die Deutsche Bibliothek verzeichnet diese Publikation in der Deutschen Nationalbibliografie; detaillierte bibliografische Daten sind im Internet über http://dnb.dnb.de abrufbar.

Umschlaggestaltung: Simone Ackermann, Zürich
Druck: ROSCH-Buch Druckerei GmbH, Scheßlitz
ISBN: 978-3-290-20153-1

© 2017 Theologischer Verlag Zürich TVZ AG

www.edition-nzn.ch

Inhalt

Im Gedenken an meinen pastoralen «Vater»
Herbert Dewald
und meine geistliche «Mutter»
Schwester M. Fidelis Bouska OSB

Vorwort

Leidenschaft für den christlichen Glauben, für eine glaubwürdige Kirche und nicht zuletzt für den nach Gott fragenden Menschen von heute, das ist es, was dieses Buch auszeichnet. Der Autor erzählt: von den religiösen Prägungen im Elternhaus, von ermutigenden und enttäuschenden Erfahrungen mit der Kirche und ihren Repräsentanten, von den Erfahrungen eines Vaters und Ehepartners mit der Weitergabe des Glaubens an seine zwei Söhne und nicht zuletzt von Begegnungen und Gesprächen mit Zeitgenossen, die – wie er – nicht aus sich selbst und nicht für sich selbst leben wollen.

Dabei tauchen Fragen auf: Fragen nach Gott und nach den guten Gründen, heute und morgen ihm zu glauben; Fragen nach Jesus und seiner Frohen Botschaft; Fragen nach dem Glauben der Kirche, seinen Stolpersteinen und seinen Herausforderungen. Wesentliche Inhalte des christlichen Glaubens kommen erzählend zur Sprache. Es ist, als ob der ehemalige Bäckerlehrling und heutige Theologe Rudolf Vögele einen Marmorkuchen backen wollte, in dem sich verschiedene Teigschichten kunstvoll miteinander verbinden und den Appetit anregen.

Das Buch regt in der Tat zum Lesen an: Subjektiv gehaltene Erzählschichten wechseln sich ab mit objektiver Reflexion über Gott, die Kirche und ihren Glauben. Doch beim Lesen soll es nach dem Willen des Autors nicht bleiben. Jedes Kapitel regt zum Nachdenken an über die eigenen Erfahrungen mit Glaube und Kirche und mündet in eine Einladung zum Gespräch: zum Austausch mit Zeitgenossen, denen Gott nicht mehr vertraut ist; zum Gespräch mit Menschen, die Ausschau halten nach Gott; zu Glaubensgesprächen unter Freunden, in Familien, zwischen den Generationen und in Gruppen der Pfarrgemeinde. Das Buch will die Freude am Evangelium wecken.

Es versteht sich aus der Anlage des Buches, dass Glaubensthemen nur kurz berührt und nicht näher vertieft werden können. Leser und Leserinnen brauchen den subjektiven Erfahrungen des Autors auch nicht zuzustimmen. Denn Rudolf Vögele ist mit Papst Franziskus «eine Kirche lieber, die etwas falsch macht, weil sie überhaupt etwas tut, als eine Kirche, die krank wird, weil sie sich nur um sich selbst dreht» (Papst Franziskus zu Ordensvertreterinnen in Südamerika im Juni 2013).

Zürich, Januar 2017
Josef Annen, Generalvikar Zürich–Glarus

Einführung

Wenn man die fünfzig überschritten hat und auf die sechzig zugeht, kommt man schon ins Grübeln: Soll ich jetzt resignieren und nur noch den absehbaren Ruhestand abwarten nach dem Motto: Nach mir die Sintflut? Oder soll ich nach fast 30 Jahren im pastoralen Dienst der katholischen Kirche mich nochmal aufrappeln, um meine Erfahrungen, Visionen und Hoffnungen für eine andere – zeitgemässe – Kirche aufs Papier zu bringen, auch auf die Gefahr hin, dass es keinen Menschen interessiert?

In einer ersten Version habe ich noch recht theologisch und analytisch geschrieben. Und die kleine auserwählte Leserschaft hat mir durch ihre Resonanz bezeugt: Das hättest du auch sein lassen können. Das war recht frustrierend! Aber diese Idee, meine Gedanken, Überzeugungen und Impulse irgendwo zu hinterlegen, lässt mich nicht los. Und «schuld» daran ist sicher auch Papst Franziskus, der nicht müde wird, allen Christinnen und Christen – und sogar allen Menschen guten Willens – zu sagen: Zeigt euren Glauben, sprecht über eure Freude und Hoffnung, aber auch über eure Trauer und Angst!

Wenn ich an die Zukunft der Kirche und an eine Kirche der Zukunft denke, dann überfallen mich alle diese Emotionen. Aber ich bin nun mal auch ein unheilbarer Optimist und ein großer Fan des Heiligen Geistes, der bekanntlich weht, wo er will (Johannes-Evangelium 3,8) – und nicht nur, wo ihn die Amtskirche kanalisiert. Und dieser Heilige Geist treibt mich auch im beruflichen Alltag, der nicht immer «geistreich» verläuft, nicht müde zu werden, von meinem Traum einer künftigen Kirche zu erzählen. Oft erlebe ich dabei so etwas wie Begeisterung, aber selten eine Nachhaltigkeit! Wenn es um die Umsetzung toller Ideen geht, dann treten oft Lähmungserscheinungen auf wie bei einem Hexenschuss oder Bandscheibenvorfall. «Ja, was sollen wir denn noch alles machen?», oder «Das haben wir doch schon alles probiert und half nichts!», lauten dann etwa die Aufbruchsverhinderungsargumente.

Papst Franziskus wird mit seinen schon achtzig Lenzen auch nicht müde, immer wieder in recht einfacher Sprache und mit alltäglichen Beispielen davon zu erzählen, welche Kirche er sich vorstellt. Nach inzwischen vier Jahren Amtszeit müsste es wohl allen klar sein, in welche Richtung er die Wegweiser aufgestellt hat. Aber anstatt sich von ihm be*geist*ern und anstecken zu lassen, diskutiert man innerkirchlich lieber darüber, ob diese Schilder an der richtigen Stelle und in der richtigen Farbe platziert sind. Oder, noch schlimmer, ob das überhaupt die richtige Richtung ist.

Ich bin ein Fan des Heiligen Geistes, von Papst Franziskus – und damit auch selbstverständlich von Jesus, dem Christus! Das ist nicht immer angenehm, denn mit dem *Zu*spruch dessen verbindet sich auch *An*spruch – und dem gerecht zu werden, da habe auch ich manchmal Lähmungserscheinungen! Wer mich aber näher kennt, weiß, dass ich immer wieder aufstehe, weitergehe – wenn es sein muss, mich auch verabschiede von gewohnten und ausgetretenen Pfaden, um mir selbst treu zu bleiben! Deshalb stehe ich auch heute wieder vor einer Wegscheidung: drinbleiben in der Kirche, allein schon wegen der gesicherten Existenz, oder resignieren, die Flinte ins Korn werfen, wie man so schön sagt? Bevor ich dies tue, möchte ich aber eine Antwort suchen auf die viel grundlegendere Frage: Bin ich es, der gegebenenfalls aus der Kirche austreten muss – oder ist es nicht die Kirche, die aus vielen Menschen guten Willens austritt oder ausgetreten ist?

Mein Weg

Ich bin 1959 geboren – also in etwa so alt wie das Zweite Vatikanische Konzil (1962–1965). Manchmal bezeichne ich mich in Vorträgen als «ein echtes Konzilskind»: Wenn es stimmt, was der renommierte Vatikankenner Marco Politi schreibt, hatte Johannes XXIII. etwa 10 Wochen nach seinem Amtsantritt (28. Oktober 1958) zum ersten Mal die Idee von einem ökumenischen Konzil geäussert. Das muss dann also an Weihnachten gewesen sein. Und ich wurde am 2. Weihnachtsfeiertag, wie mir mein Vater oft genug versicherte, gezeugt. Zumindest dürften die Bekanntgabe, dass meine Mutter mit dem dritten Kind schwanger ist, und die Ankündigung des Konzils (am 25. Januar 1959) recht nahe beieinander gelegen haben.

Dieses letzte und entscheidende Konzil habe ich altersbedingt kaum mitbekommen, sehr wohl aber die Konsequenzen daraus. Und das begann schon als kleiner achtjähriger Ministrant, der aufgrund seiner durch und durch katholischen Sozialisation schon vor der Erstkommunion (1969) als solcher am Altar «dienen» durfte. Da unser damaliger Pfarrer Heinz Kleinwegen kein großer Anhänger der Liturgiereform war und sich damit Zeit ließ, musste ich noch alle Stufengebete auf Latein lernen. Der Wechsel zur deutschen Sprache im Gottesdienst wurde bei uns erst Anfang der 70er-Jahren vollzogen. Und damit begann auch bei uns die Zeit des Aufbruchs, des katholischen Enthusiasmus, als es wieder eine Wonne war, katholisch zu sein. Das Konzil und seine Konsequenzen für die Pastoral wurden in der Schweiz auf der «Synode '72» und in Deutschland auf der Würzburger Synode (1971–1975) breit diskutiert. Erst als Theologiestudent habe ich jedoch mitbekommen, wie weit man da gedacht hat: dass «in Beruf und Familie bewährte Männer» (*viri probati*) auch zu Priestern und Frauen zu

Diakoninnen geweiht werden sollen usw. Für mich zeichnete sich in der zweiten Hälfte der 70er-Jahre die Startbahn meiner kirchlichen Karriere ab. Neben meinem Dienst als Ministrant galt später mein Hauptengagement dem «Arbeitskreis Jugendgottesdienst», in dem ich mit anderen Jugendlichen aus unserer Pfarrei erste «reformierende» Gedanken – schön verpackt in moderne liturgische Lieder, Riten und Gebete – entfalten konnte. Hier erlebte ich, dass ich mitdenken, mitgestalten und mitreden durfte! Und das nutzte ich gerne, wenn auch nicht selten zum Leidwesen etlicher Traditionalisten und damit auch meiner Eltern, die angeblich darunter zu leiden hatten, dass ihr Sohnemann in der Kirche mal wieder Unerträgliches gesagt habe.

Vermutlich wäre ich – wie die meisten dieser vielen Ministranten (wir waren etwa 120 gehorsame Diener unseres hochwürdigen Pfarrers, natürlich nur männlichen Geschlechts) und Mitglieder im «Arbeitskreis Jugendgottesdienst» – heute auch von Kirche weit entfernt, wenn es nicht immer wieder recht aufgeschlossene Priester, seien es junge Kapläne [Vikare] oder «geupdatete» Pfarrer, gegeben hätte, die mich faszinierten. Selbst nach meiner «Distanzphase» während der Bäckerlehre (1977–1979), in der mir Kirche und Pfarrei recht gleichgültig waren, ließen mich diese modern(er) denkenden Kirchenleute nicht los. Einer von denen, Werner Pohl, hat es dann sogar geschafft, dass ich mich dann tatsächlich daranmachte, die Hochschulreife nachzuholen – und das im «Spätberufenenseminar St. Pirmin» in Sasbach. Und damit war ich mit einem Bein schon drin im kirchlichen Dunstkreis und studierte dann auch – noch recht enthusiastisch – in Freiburg und Rom Theologie.

Meine Eltern und die katholische Verwandtschaft freuten sich über die Aussicht, vielleicht doch noch einen Priester aus der eigenen Familie vorweisen zu können, wenn es schon bei meinem Patenonkel Karl nicht so geklappt hat. Manche Äußerungen und kritischen Rückfragen in Bezug auf ihren Glauben und ihre Glaubenspraxis, die ich zunehmend auch gerne stellte, wollten sie aber nicht hören. Gut in Erinnerung ist mir noch eine – jegliche Diskussion abbrechende – Bemerkung meines Vaters: «Wenn du so weitermachst, wirst du noch ein zweiter Luther!» Und das war von ihm her kein Kompliment! Für mich schon. Denn als Theologiestudent wurde mir klar: Weder Luther noch andere Reformatoren wie Zwingli oder Calvin und lange zuvor, nämlich schon im 12. Jahrhundert die Waldenser, wollten eigentlich die Spaltung. Sie haben zunächst nur hinterfragt, ob denn das, was der «Klerus» oder die römische Hierarchie so alles verkünde, tatsächlich originär christlich sei – und schon das war der römischen Institution zu viel.

Vielleicht bin ich heute gerade deshalb noch «gut katholisch» und der Institution Kirche treu, weil ich mich immer wieder für eine Reform eingesetzt habe und einsetze – zumindest im Sinne des Zweiten Vatikanischen Konzils. «*Ecclesia semper reformanda*» – die Kirche muss sich stets erneuern, wurde dem Konzil vielfach als Aussage unterstellt. Wörtlich ist die Rede von einer Kirche, die «stets der Reinigung bedürftig» ist und die auch «immerfort den Weg der Buße und Erneuerung» geht, wie es in dem Schlüsseldokument dieses Konzils, «Lumen Gentium», Nr. 8, heißt. Um nichts anderes ging und geht es auch mir. Und deshalb erlebe ich die Zeit seit dem 13. März 2013, als dieser neue Papst mit dem Namen Franziskus auftrat, als eine heilsame Zeit. Endlich, nach 35 Jahren unter polnischer (Johannes Paul II., reg. 1978–2006) und deutscher (Benedikt XVI., reg. 2006–2013) Regentschaft, in der das Konzil meines Erachtens nach und nach demontiert wurde. Nach vielen Jahren der Angst von Theologinnen und Theologen, ja nichts «Falsches» zu sagen und erst recht zu schreiben – beispielsweise die (rein biologische) Jungfräulichkeit Marias, den Pflichtzölibat oder das Dogma der Unfehlbarkeit des Papstes zu hinterfragen und vielleicht anders zu interpretieren –, ist nun eine Zeit angebrochen, in der wieder mehr Mut und Offenheit erkennbar wird. Man darf wieder *laut* denken und auch Fehler machen! So zumindest deute ich die Aussage von Papst Franziskus in einem Gespräch mit südamerikanischen Ordensleuten Anfang Juni 2013:

«Habt Mut! Schlagt neue Richtungen ein! Fürchtet euch nicht vor den Risiken, wenn ihr auf die Armen und die Menschen zugeht, die gerade beginnen, im Kontinent ihre Stimme zu erheben. Ihr werdet Fehler machen, ihr werdet anderen auf die Füße treten. Das passiert. Vielleicht wird sogar ein Brief der Glaubenskongregation bei euch eintreffen, in dem es heißt, dass ihr dies oder jenes gesagt hättet ... Macht euch darüber keine Sorgen. Erklärt, wo ihr meint erklären zu müssen, aber macht weiter ... Macht die Türen auf. Tut dort etwas, wo der Schrei des Lebens zu hören ist. Mir ist eine Kirche lieber, die etwas falsch macht, weil sie überhaupt etwas tut, als eine Kirche, die krank wird, weil sie sich nur um sich selbst dreht ...»

Mein Weg war es schon immer – je länger, umso mehr – den Glauben zu «verheutigen». Papst Johannes XXIII., der Initiator des Zweiten Vatikanischen Konzils, prägte den Begriff *aggiornamento*. Und dies besagt, dass wir uns stets darum bemühen sollen, den Glauben an Gott so zu verkünden, dass seine Relevanz für das Leben im Hier und Heute – und hoffentlich auch für das Morgen – offenbar wird. Das ist und bleibt – so hoffe ich doch – mein Ziel und mein Weg!

Mein derzeitiger Standort

In den drei Jahrzehnten, in denen ich nun hauptberuflich als Pastoralassistent und Pastoralreferent in Pfarreien, als Referatsleiter auf Diözesanebene und als Ressortleiter für Pastoral in der Schweiz tätig bin, durfte und darf ich immer wieder erleben, dass Menschen von sich aus auf mich zukommen mit ihren Fragen und Zweifeln, gerade auch was die hierarchische Institution katholische Kirche betrifft. Mit Gott selbst könnten sie ja schon gut allein zurechtkommen, aber sein «Bodenpersonal» ... Die stellen sich oft an wie Privatsekretäre vom lieben Gott, die allein entscheiden, wer zu ihm vortreten darf. Da ich, wie nicht wenige mich kennen, oft über solche Typen lästerte und Witze machte, provozierte ich dadurch manche Nachfrage, wie ich denn dazu stehe. Und oft genug ermutigten mich solche Gespräche, nicht «brav» und linientreu zu werden, sondern meine Ansichten mitzuteilen, um festzustellen, dass viele für meine Antworten und Hinweise dankbar waren, weil sie damit etwas anfangen konnten.

Dabei hatte ich natürlich auch mit zunehmendem Alter den Bonus, dass ich als «Berufschrist» für manche sogenannte Kirchenferne schon deshalb interessant bin, weil ich einen doch recht außergewöhnlichen Beruf habe. Als promovierter Theologe und zertifizierter «Berater in systemischer Organisationsentwicklung», als Mitglied und Präsident der deutschsprachigen Pastoralamtsleiterkonferenz in der Schweiz und als Mitglied der Pastoralkommission der Schweizer Bischofskonferenz bin ich recht gut vernetzt, auch über den Kanton Zürich und über die Schweiz hinaus. Dieser Einbindung verdanke ich, dass ich in theologischen und pastoralen Debatten gut «geupdated» und in etliche Projekte involviert bin. Aber viel entscheidender ist für mich, unmittelbar mit Menschen zu tun zu haben, die sich für den christlichen Glauben – und speziell auch für die katholische Version dessen – interessieren.

Seit einigen Jahren biete ich in Zürich einen neunteiligen Kurs an mit dem ursprünglichen Titel «Glauben suchen – Halt finden». Um auch Menschen anzusprechen, die sich von der katholischen Kirche abgewandt haben – oder von denen sich die Kirche schon längst entfernt hat –, haben wir diesen Kurs umbenannt: «Wie geht katholisch?» Denn in einem Kanton wie Zürich, in dem viele Konfessionen, Religionen, Nationalitäten und Kulturen mit- und nebeneinander leben, hat «katholisch» tatsächlich eine andere Bedeutung als in einem abgelegenen Dorf in Graubünden wie beispielsweise Braggio im Calancatal.

In diesem Kurs gebe ich den Teilnehmenden immer auf den Weg: «Wer glaubt, der sucht – wer nicht mehr sucht, läuft in Gefahr, den Glauben zu verlieren.» Für mich ist glauben nie etwas Abgeschlossenes. Glauben ist wie ein Computerprogramm: Es gibt ständig neue Updates, neue Versionen. Und es gibt auch immer die Möglichkeit, ältere Dateien in die neuen Systeme zu konvertieren, auch wenn dadurch vielleicht alte Formatierungen kompatibel gemacht werden müssen. Mühsam wird es erst, wenn ich Texte von ganz alten Versionen konvertieren möchte. Da ist es oft besser, ganz neu anzufangen.

Und schon da sehe ich ein riesiges Problem unserer Gegenwart: Viele Menschen suchen heute gar nicht mehr. Man «weiß» ja schon alles, was die Kirche zu sagen hat. Das belegen viele Umfragen und Statistiken, wie beispielsweise die zur Familienpastoral, die Papst Franziskus selbst angezettelt hat. Die Befürchtung hat sich dabei bestätigt, dass die kirchlichen Aussagen zu Geschlechtsverkehr vor der Ehe, Homosexualität, zur Wiederverheiratung Geschiedener und zur Geburtenregelung bei den Gläubigen «kaum Akzeptanz finden» oder «überwiegend explizit abgelehnt werden», wie es zum Beispiel die Deutsche Bischofskonferenz im Februar 2014 bilanzierte. Das wiegt umso schwerer, da an dieser Umfrage sich fast ausschließlich kirchennahe Personen beteiligten. Für die Medien, zumal die Boulevardpresse, sind

Sex und Verbrechen – wie Kindesmissbrauch und Finanzskandale durch Priester und Bischöfe – die Lieblingsthemen. Und leider informieren sich viel zu viele nur aus solchen Quellen, um sich eine Meinung über «Gott und die Welt» zu bilden. Und weil das Bodenpersonal Gottes schon nicht funktioniert, braucht man auch den, den die Kirchenleute verkündigen, nicht mehr zu suchen.

Bevor man nun aber beginnt, auf die selbstgenügsamen und theologisch primitiven Kirchenfernstehenden einzuprügeln, muss man gleich danebenstellen: Das Suchen nach Gott ist ja auch für Hauptberufliche in der Kirche keine Selbstverständlichkeit! Ich kenne viele – für meinen Geschmack *zu viele* – weiterbildungs*resistente* Pfarrer, Laientheologen und -theologinnen, die meinen, mit dem Diplom schon alles für alle Zeiten mitbekommen zu haben. Skeptisch werde ich besonders dann, wenn ein Pfarrer sich beispielsweise in der neuen Pfarrei vorstellt und dabei mehrfach betont: «Ich habe Theologie und Philosophie studiert!» Solche beweisen oft sehr schnell, dass sie mal in diesen Fächern irgendwie Prüfungen bestanden, aber nicht dazu gelernt haben. Und – sorry – wohl auch damals nicht ganz begriffen haben, worum es geht.

Wenn ich schon meinen derzeitigen Standort beschreibe, dann gehört aber eines auch noch dazu: Neben meinem Reformeifer als Theologe teile ich noch die Erfahrung mit vermutlich sehr vielen katholischen Eltern, die im katholischen Milieu großgeworden sind und sich eifrig darum bemühten, den eigenen Glauben an ihre Kinder weiterzugeben. Meine beiden Söhne (Jahrgang 1990 und 1992) sind inzwischen erwachsen und gehen ihren eigenen Weg. Wenn ich jedoch bedenke, was wir als Eltern alles auf die Beine gestellt haben, um ihnen den christlichen Glauben, die Kirche und die Pfarrei «schmackhaft» zu machen, und was heute noch da ist, müssten wir eigentlich zutiefst frustriert sein. Wir haben, als sie noch klein waren, viele Kinder- und Jugendgottesdienste mitgestaltet, sind in der Gegend herumgefahren, damit sie einigermaßen interessante und lebendige Gottesdienste, aber auch sehr unterschiedliche Gottesdienstformen miterleben. Wir waren sogar mal mit ihnen an einem Ostersonntag in Wigratzbad, der Hochburg der konservativen Petrusbruderschaft, und sie waren von diesem frommen Gehabe der alten Ministranten (was jedoch Priesteramtskandidaten waren) schwer beeindruckt! Ob Einschulung, Erstkommunionvorbereitung und -gottesdienst oder auch Firmung: Wir haben uns mit anderen Eltern heftig darum bemüht, es ihnen recht und schön zu machen.

Heute habe ich den Eindruck, dass meine Söhne – wie viele andere Söhne und Töchter – sagen: Ja, es war ja alles recht und schön! Aber jetzt will ich halt mal meine Ruhe – vor euch, vor der Kirche und damit auch vor dem «lieben Gott»! Aber ich kann sie dann und wann auch wieder gut verstehen: Was an gottesdienstlichen Feiern, an Predigten, an Sprache und Liedgut vielerorts geboten ist, reißt niemanden mehr vom Hocker, auch mich nicht. Da muss man schon ganz schön abgebrüht sein, um das unbeschadet zu überstehen. Und viel zu oft höre ich, gerade auch von solchen, die immer noch hoffen und suchen, dass man in unserer katholischen Kirche zum Großteil «geistlich unterernährt» bleibt. Aus der angeblichen Feier geht man viel zu oft wieder hinaus ohne größeren spirituellen Gewinn, ohne Bereicherung für die eigene Lebensgestaltung. Nicht selten verlässt man den Gottesdienst gedeckelt und frustriert, weil einem wieder eine Weltanschauung und Moral vor Augen gehalten wurde, die so gar nicht mehr in unsere Gegenwart – geschweige denn Zukunft – passt.

In meiner bislang doch recht braven Karriere als katholischer Christ und Kirchenmann habe ich mich nur einmal nicht zurückhalten können und bin mitten in der Predigt eines schon älteren und etwas verwirrten Aushilfspriesters aufgestanden und habe ihn laut und deutlich gebeten: «Hören Sie endlich mit diesem Geschwätz auf!». Er hat bis dahin permanent über Jugendliche und junge Familien hergezogen, die nicht mehr in die Kirche kommen und die ältere – anwesende – Generation hochgelobt, die sich noch unbeirrt vom heutigen Zeitgeist an die Gebote der Kirche hält. Es war auch für uns als Eltern nur beleidigend und verletzend. Durch solche Verurteilungen von Abwesenden oder «Andersgläubigen» wird überhaupt nicht wahr- oder ernstgenommen, dass genau solche Menschen – trotz ihrer angeblichen Distanz zur Kirche und zu Gott – oft mehr Suchende sein können, gerade auch in existenziellen und wesentlichen Fragen des Lebens.

Dass ich selbst – als Theologe – ein Suchender und Fragender geblieben bin, verdanke ich wesentlich auch jenen Menschen, die mich immer wieder in Glaubensfragen herausfordern. Dazu zählen beruflich gesehen jene Teilnehmerinnen und Teilnehmer an dem oben genannten Kurs, aber auch etliche andere, besonders in meinem Dienst als Notfallseelsorger. Auch im privaten Umfeld darf ich es immer wieder erleben, dass Freunde und Freundinnen, Teilnehmerinnen und Teilnehmer an meinen (inzwischen schon neununddreißig) Romreisen oder auch Urlaubsbekanntschaften mit mir über so äußerst sensible und zum Großteil tabuisierte Themen wie Gott und Glaube sprechen wollen. Oft brauchen wir viel Zeit, um einander zu verstehen, und ich muss weit ausholen, um manch flapsig dahingeworfene, aber auch provokante Aussage richtig einzuordnen. Aber ich darf es auch immer wieder erleben, dass solche Gesprächspartnerinnen und Gesprächspartner mir rückmelden, wie gut es ihnen tut, dass auch ein anderes – eventuell ihr – Gottesbild seine Berechtigung haben darf.

Solche suchenden und fragenden Menschen habe ich jetzt vor Augen, wenn es mich drängt, meine Vision, meine Hoffnungen und Zweifel, meinen Mut und meine Verzweiflung zu Papier zu bringen! Ich schreibe dies in der Haltung des großen und von mir sehr geschätzten Theologen Karl Rahner, der mir und uns allen diesen Appell mit auf den Weg gegeben hat:

«Wie soll ein Theologe Theologie schreiben, die missionarisch und mystagogisch [einladend und faszinierend] wirksam sein kann, wenn er nicht dauernd in einer inneren Sympathie mit jenen Menschen lebt, für die er doch eigentlich schreibt?»

Unsere heutige Lebenswelt: ein Ausgangspunkt?

Wenn ich an meine Kindheit und Jugendzeit zurückdenke, muss ich zugeben: Es war doch alles noch recht «einfach». In dem Karlsruher Stadtteil Daxlanden, in dem ich aufwuchs, war ich – schon familiär gesehen – fest eingebunden in das «katholische Milieu», das weitgehend unseren Zeitplan mitbestimmte. Der Verlauf von Sonntagen, Hochfesten und Ferien war in gewisser Weise vorprogrammiert. Meine «Welt» war klein und überschaubar, meine Freizeit verbrachte ich am Ort mit Gleichgesinnten (meist Katholiken), und selbst als ich mit zehn Jahren dann *in der Stadt* auf das Gymnasium ging, war ich auch dort leicht an meinem Dialekt als Daxländer identifizierbar. Es gab noch kein Internet, kein Handy, kein Facebook oder WhatsApp – die Kommunikation funktionierte tatsächlich noch durch gegenseitige Besuche. Wenn ich heute hinschaue, in welcher «Welt» meine beiden Jungs aufgewachsen sind und immer weiter hineinwachsen, kommt es mir vor, als wäre dies eine völlig andere. Und ich bin manchmal auch der Versuchung ausgesetzt, wie viele andere der noch älteren Generation zu behaupten: Früher war alles besser! Natürlich war es das nicht – es war alles nur einfacher! Sehr treffend hat dies Jonas Bedford-Strohm zum Ausdruck gebracht, der im selben Jahr geboren ist wie unser Aaron (1992). Zusammen mit seinem Vater Heinrich, seit 2011 Landesbischof der Evangelisch-Lutherischen Kirche in Bayern und seit 2014 Ratsvorsitzender der Evangelischen Kirche in Deutschland, hat er das Buch herausgegeben «Wer's glaubt, wird selig» – ein Glaubensgespräch zwischen Vater und Sohn (Kreuz Verlag 2013). Einleitend zu diesem Gespräch, bei dem er als Sohn aber leider meist nur der Fragende sein darf, schreibt Jonas:

«Meine Generation wächst in einem Dilemma auf. Wir sollen alles in kürzerer Zeit schneller, besser und effizienter machen … In der Polyfonie der guten, oder zumindest gutgemeinten, Ratschläge kommt jede noch so konträre Kombination vor: Wir sollen heimatverbunden, bodenständig und geerdet sein, aber in jedem Fall Auslandserfahrungen sammeln und möglichst viele Praktika machen … Wir sollen perfektes Hochdeutsch sprechen, den Dialekt der Heimat aber nicht verlieren und natürlich diverse Fremdsprachen lernen. Wir sollen technologie- und medienkritisch sein, aber jedes Medium beherrschen, immer verantwortungsvoll im Internet surfen und zusätzlich zur versierten Online-Recherche noch die Klassiker der Weltliteratur, alle Brockhausbände und wenigstens zwei Tageszeitungen lesen. Wir sollen mindestens das können, was die Eltern schon konnten, dabei auf dem neuesten Stand des Wissens sein und bloß nicht Wikipedia als Quelle angeben. Wir sollen nicht mehr nur Kaffee kaufen, sondern mit einer «Fairtrade-Kaffee-Kampagne» bei Starbucks und Co. gleich die ganze Welt retten, dabei aber bloß nicht zu kapitalismuskritisch werden. Wir sollen später bitte Lifestyle-Kombis aus heimischer Produktion mit genug Platz für Partner, Hund, Kind und etwa dreihundert PS fahren und gleichzeitig die Welt vor dem Klimakollaps retten, aber wiederum natürlich, ohne zu globalisierungskritisch zu werden. Kurzum: Wir sollen alles ausbaden, was die vergangenen Generationen verbockt haben, ohne den Humor zu verlieren. Also lächeln, bloß nicht zu vorwurfsvoll sein und immer authentisch bleiben! Das ist eine Karikatur? Natürlich. Anders ließe sich der Anforderungsdruck auch gar nicht aushalten.

Jedenfalls ist da wenig Platz für anderes. Bestimmt nicht für Glaubensfragen nach der Art: Wo ist mein Platz in dieser Welt? Wo ist der rote Faden in meinem Leben? Wie kann ich meinen Beitrag zu einer besseren Welt leisten? Was hilft mir, diese Welt zu verstehen? Wie kann ich mit meinen Schwächen umgehen? Gibt es ein Leben nach dem Tod? Gibt es einen Gott? Gibt es Übernatürliches? Dabei ließe sich die Liste ausbauen. Aber es scheint ‹gesellschaftlich› nicht vorgesehen zu sein, dass wir nach Antworten auf diese Fragen suchen …»

So ähnlich würden wohl auch meine Jungs antworten, wenn ich ihnen ein «Glaubensgespräch» anbieten oder ein Buch schenken würde, das sich mit genau diesen Themen befasst. Denn – und darin unterscheidet sich dieses Vater-Sohn-Gespräch leider auch nicht – in den meisten Versuchen, *unseren* Glauben zu verkünden, scheitern wir schlicht an der Sprache und der völlig anderen Denkwelt der Menschen heute. Wir operieren mit Bildern aus der Bibel, mit Gleichnissen, die eine Kenntnis der Agrarwelt von früher voraussetzt, und mit moralischen Vorstellungen, die für die heutige – und erst recht künftige – Generation schlichtweg out sind. Und was manchmal noch schlimmer ist: Etliche Kirchenleute sprechen in der Liturgie anders als auf der Straße. Es scheint, als hätten sie vorher irgendeinen «Weichspüler» geschluckt, der sie dazu bringt, ganz sanft und leise, manchmal auch mit völlig deplatzierter Betonung, so melodiös zu sprechen als wollten sie der Zuhörerschaft eine Gutenachtgeschichte erzählen. Sehr amüsant und zugleich tiefsinnig ist in diesem Zusammenhang das Buch von Erik Flügge «Wie die Kirche an ihrer Sprache verreckt». Recht provozierend schreibt hier ein 1986 geborener Kommunikationsberater, warum er an dieser Kirche leidet, obwohl sie ihm doch noch sehr am Herzen liegt. Treffend analysiert er, wie in den Gottesdiensten eine ganz eigene – weltfremde – Sprache gesprochen wird, und empfiehlt dagegen, auf der Kanzel doch bitte so authentisch zu bleiben wie auf der Straße oder am Biertisch.

Fundamental empfinde ich die Kritik von Georg Langenhorst, Professor für Religionspädagogik in Augsburg, der bei einer Tagung den für mich entscheidenden «wunden Punkt» sinngemäß so zur Sprache brachte: Das Christentum sei eine Erlösungsreligion – der primäre Markenartikel sei bzw. war die Erlösung von Schuld. Aber Schuld sei kein zentrales Thema der Menschen mehr. Wenn heute so etwas wie Erlösung gesucht werde, dann die vom «entfremdeten Leben», Erlösung von Zukunftsangst, vom Prekariat infolge von Arbeitslosigkeit, von Haltlosigkeit und Einsamkeit, Orientierungslosigkeit, Überforderung usw.

Wenn wir als Kirche, so sein Resümee, nicht in diese existenzielle Erlösungsbedürftigkeit vordringen, würden wir uns selbst ins Aus, in die Bedeutungslosigkeit manövrieren.

Und da kommt eines erschwerend hinzu: Wir Kirchenleute verkennen, dass die heutigen Menschen – von jung bis alt – ein völlig anderes Zeitempfingen haben. «Die Zeit rast nur so dahin», höre ich auch meine beiden Jungs immer wieder sagen. Und wen wundert es, wenn man bedenkt, wie wir tagtäglich mit Informationen überflutet werden, eine Unmenge an Zeit schon brauchen, um diese abzurufen – und dann auch wieder zu verdrängen. Und die Zeit scheint auch viel mehr als früher hinwegzurasen, weil wir heute eine wahre Sintflut an Möglichkeiten erleben, wie wir unsere Freizeit gestalten könnten, und dann auch ständig entscheiden müssen, was wir wann wie und mit wem machen. Einfach nur sein, nichts tun, unsere lieben «Götter» wie Kommunikation, Unternehmungen, Reisen, Effizienz und wie sie alle heißen, einfach mal sein zu lassen, ist heute äußerst schwer zu verwirklichen, bedarf einer eigenen Anstrengung.

Im Internet habe ich unlängst (via Facebook!) von Anitra Eggler, einer «Digital-Therapeutin», wie sie sich selbst bezeichnet, gelesen, dass sie gerade diese ständige Onlinebereitschaft, vor allem in Bezug auf E-Mails, als eine verheerende Entwicklung sieht. «Ich hab früher auch gedacht: Ich maile, also bin ich – erfolgreich und unersetzbar. Heute sage ich: Ich maile, also bin ich – Sklave. Denn nur Sklaven sind dauernd erreichbar.» Abgesehen davon, dass bei großen Unternehmen ein immenser Verlust an Produktivität zu messen ist durch Über- oder Sinnloskommunikation, durch Ablenkung oder auch durch Krankheitsfolgen, die durch E-Mails entstehen, ist auch im privaten Bereich eine erschütternde Entwicklung absehbar: Menschen können immer weniger richtig miteinander reden, Zeiten genießen, über tief greifende Fragen sich austauschen. Ein Konzern wie der deutsche Automobilhersteller VW reagiert zum Beispiel schon jetzt darauf und schaltet seinen Mitarbeitern und Mitarbeiterinnen mit Firmen-Smartphones nach Dienstschluss den E-Mail Eingang ab.

Dies soll sie vor der Selbstausbeutung schützen und langfristig gesund halten. Und dabei steht nach Anitra Eggler die Entwicklung der digitalen Kommunikation erst am Anfang. Die Welt wird noch dichter vernetzt und diese Sofort-Kommunikation noch gravierender in das Arbeits- und Privatleben eindringen. Um dieser Entwicklung nicht schutzlos ausgeliefert zu sein, ist ihrer Meinung nach ein Gegentrend von Nöten:

> «Wir müssen wieder lernen, wie schön es ist, nicht immer erreichbar und vernetzt zu sein. Der Kopf muss manchmal auch defragmentiert werden. Wer ständig alles gleichzeitig macht, macht nichts mehr richtig. Wir müssen wieder zurückgehen zu sagen: die Schnecke kann dir mehr über den Weg erzählen als der Hase.»

Die digitalisierte Welt, in der wir jederzeit und überall für jedermann erreichbar sein können, ist zu einem Dorf geworden. Aber im Unterschied zu dem Dorf oder Stadtteil, in dem man früher «Heimat», Verwurzelung, manchmal auch Sinn und Beziehungsreichtum gefunden hat, ist man in dieser «Dorfwelt» heute in gewisser Weise verloren – die Welt ist unüberschaubar geworden. Das Angebot an Freizeitgestaltung ist so immens, dass man sich nur noch ganz kurzfristig entscheiden möchte, was ich jetzt und hier tue. Jeder Veranstalter einer Tagung, für die man nicht im Voraus bezahlen muss, kann ein Lied davon singen, wie hoch die kurzfristigen Anmeldungen und erst recht die Abmeldungen bzw. Fehlzahlen sind. Und viele Vereine – nicht nur kirchliche – beklagen, dass es kaum noch Menschen gibt, die langfristig Verantwortung übernehmen. Entgegen der kirchlichen Hierarchie, die den Eindruck erweckt, dass es fast nur noch Häuptlinge, aber keine Indianer mehr gäbe, habe ich vom Freiwilligenengagement manchmal den Eindruck, dass es kaum noch Lokomotivführer, aber doch noch recht viele Mitreisende gibt.

Diese permanente Freizeitgestaltung beraubt einen der tatsächlichen Frei-Zeit. Es fehlt weitgehend an Raum und Zeit, Beziehungen wachsen zu lassen und zu pflegen, miteinander tatsächlich «über Gott und die Welt» ins Gespräch zu kommen und im Gespräch zu bleiben. Und das ist nach meiner Erfahrung über das Telefon oder über Skype nicht ganz so einfach, wie wenn man sich *face to face* begegnet und auch wirklich Zeit füreinander hat bzw. sie sich nimmt.

Insofern ist unsere heutige Zeit meines Erachtens ein denkbar schlechter Zeitpunkt, neue Formen der «Glaubenskommunikation» und auch der «Glaubensverantwortung» zu postulieren. Der Traum der nachkonziliaren Würzburger Synode in Deutschland (1971–1975), dass «aus einer Gemeinde, die sich pastoral versorgen lässt, eine Gemeinde werden muss, die ihr Leben im gemeinsamen Dienst aller und in unübertragbarer Eigenverantwortlichkeit jedes einzelnen gestaltet», ist ausgeträumt. Das funktionierte so nicht und funktioniert meines Erachtens immer weniger. Wir sind noch Gefangene der neuen Errungenschaften des Medienzeitalters. Wir sind noch zu sehr fasziniert von diesen vielfältigen Kommunikations- und Unterhaltungsmöglichkeiten, und die meisten sind noch lange nicht so weit, wie sich das Anitra Eggler wünscht. Wenn heute nun auch die ältere Generation das Facebook für sich erobert und immer mehr und immer länger online agiert, wenn auf Twitter, WhatsApp und per SMS Kurzmitteilungen dominieren, wo soll dann noch Raum sein, um über die «drängenden Sach-Zwang-Fragen des Alltags», wie Jonas Bedford-Strohm so treffend formuliert, überhaupt ins Gespräch zu kommen?

Für mich heißt dies aber auch: Die Zeit der Weitergabe von umfassendem Katechismus-Wissen ist zu Ende. Dies haben die meisten der Kirchenleute, die mit Kinder- oder Jugendkatechese zu tun haben, bereits erkannt. Die Vorbereitung auf die Erstkommunion oder Firmung gestaltet sich heute vielerorts ganz anders als zu meinen Zeiten. Da steht mehr die «Erfahrung des Glaubens» im Vordergrund als das Lernen von Gebeten, Liedern oder Ritualen. Aber leider endet halt diese Einführung in den Glauben meist auch mit der Firmung. Eine eigene und spezielle «Erwachsenenkatechese» ist zwar vielfach postuliert und wird auch an nicht wenigen Orten praktiziert, aber das Interesse daran ist relativ gering. Ein Grund könnte daran liegen, dass wir zu viele junge Menschen und damit auch ihre Eltern aus den Kirchen «hinauskatechetisiert» haben. Gemäß der Aussage eines Messners, man bekomme die Mäuseplage in der Kirche am besten in den Griff, indem man die Mäuse firmt (denn dann blieben sie von alleine weg!), müssen wir als Kirchen eingestehen, dass junge Menschen eben nach der Firmung (oder in den evangelisch-reformierten Kirche nach der Konfirmation) erst mal genug haben von uns. Ob das wirklich nur an uns und unserer Verkündigung liegt, sei dahingestellt. Vielleicht ist es auch nur ein *natürlicher* Entwicklungsschritt, nach Jahren einer «modernen Christenverfolgung» (von der Vorbereitung auf die Erstkommunion mit circa acht Jahren bis zur Firmung mit etwa siebzehn oder später) jetzt erst mal Abstand zu suchen und sich andernorts zu orientieren. Die Welt und ihr permanent pulsierendes Leben bietet ja eine Unmenge an Alternativen. Und bis die alle gecheckt sind, braucht es sehr viel Zeit.

Und es braucht dann auch den rechten Zeitpunkt – den «Kairos», wie wir Theologinnen und Theologen zu sagen pflegen. Dieser Kairos kann an sogenannten Knotenpunkten des Lebens sein, wie es Paul M. Zulehner einmal treffend formulierte: im Gespräch über die geplante Hochzeit, die Taufe eines Kindes oder die Beerdigung eines Verwandten, über die vielleicht unheilbare oder chronische Krankheit, nach einem traumatischen Erlebnis oder auch über besonders beglückende Erfahrungen, an Jubiläen, auf Reisen ...

Wenn wir heute und künftig Menschen zu einem Gespräch animieren wollen, dann müssen wir – besonders als Kirchenleute – nicht nur Zeit und Sensibilität mitbringen, solche richtigen Zeitpunkte auch zu erspüren und zu nutzen. Wir müssen auch Impulse anbieten, durch die die Menschen nachdenklich werden können: mit der richtigen Sprache zur richtigen Zeit am richtigen Ort.

Und wir müssen immer betonen: Auch wir als Theologinnen und Theologen sind Suchende und Fragende auf dem Weg – vielleicht mit einigen Antworten, die *für uns* stimmen, aber damit *nicht für alle*. Wir können unsere Antworten auf Fragen der Menschen lediglich anbieten. Vielleicht ergeben sich im Gespräch dann auch ganz andere Antworten, die uns selbst noch überraschen.

Für all diejenigen, die jetzt schon die Stirn runzeln und sich fragen, was diese «Zurückhaltung» an theologischer Kompetenz denn soll, möchte ich erneut meinen großen Gewährsmann zu Wort kommen lassen:

> «Wenn jemand behauptet, er sei Gott mit absoluter Sicherheit begegnet, und nicht berührt ist von einem Schatten der Unsicherheit, dann läuft etwas schief. Für mich ist das ein wichtiger Erklärungsschlüssel. Wenn einer Antworten auf alle Fragen hat, dann ist das der Beweis dafür, dass Gott nicht mit ihm ist.»

So hat es Papst Franziskus in dem Gespräch mit Antonio Spadaro SJ im September 2013 ausgedrückt. Und ich hänge mich dran und behaupte: Wer heute vorgibt, ein «Rezept» oder ein Konzept zu haben, wie Kirche – ob katholisch, reformiert, freikirchlich oder sonst wie geartet – sich entwickeln müsse, um in Zukunft erfolgreich zu sein, ist in meinen Augen ein falscher Prophet. Ich habe keines – und ich finde, das ist auch gut so!

Was ich anbiete, sind lediglich Gedankenanstöße, Impulse, Provokationen, um wieder dahin zu kommen, wo alles Theologisieren und Evangelisieren beginnt: beim Fragen und Suchen.

Ein anderer Zugang zu «GOTT»?

Die Frage aller Fragen ist natürlich auch immer: Gibt es GOTT überhaupt, oder: Wer oder was ist das eigentlich: GOTT? Und manchmal provoziere ich mit meiner Antwort: «Ich weiß es nicht!» Das überrascht. So was von einem promovierten Theologen … Wenigstens die müssten es doch «wissen» und «beweisen» können.

Meinem Vater genügte es zu sagen, dass es einen GOTT geben muss, weil doch so viele Menschen – auch hochintelligente – an ihn glauben. Er hatte aber – das müsste er heute selbst dort oben «im Himmel», wo ich ihn vermute, eingestehen – wenig Ahnung von Psychologie und psychischen Defekten. Und ihm ist «die Gnade des frühen Todes» zuteil geworden, dass ihm das Wissen um den ganzen Missbrauchsskandal (2010) und vieler anderer Skandale des göttlichen Bodenpersonals, die in den letzten Jahren offenbar wurden, erspart blieb. Wie bei vielen meiner Gesprächspartner und -partnerinnen war bei ihm noch das Bild von Gott als dem «Schöpfer» vor Augen, der «vor aller Zeit» schon war und den Kosmos, die Welt inklusive dem Menschen so geschaffen hat, wie sie sind. Dies infrage zu stellen, war bei uns in der Familie ein Tabu.

Weniger tabuisiert war die Vorstellung von dem «GOTT, dem Allmächtigen», von einem Gott, der «alles weiß», all unsere Wege schon vor unserer Zeit kennt und lenkt. Darüber durfte diskutiert werden. Denn es war auch meinen Eltern völlig klar, dass solche Bilder und Vorstellungen an eine Grenze stoßen, wenn nicht alles so läuft, dass man den «Schöpfer» nur loben und preisen kann: Wenn beispielsweise eine junge Mutter an Krebs stirbt, die eigenen Kinder drogensüchtig werden oder Selbstmord begehen, Ehen zerbrechen usw., was in unserem überschaubaren Daxlanden auch vorkam. Für uns war das nie ein Grund, mit GOTT zu brechen, aber doch so manche seiner «Attribute» infrage zu stellen.

Wenn heute noch «Tröstende» der Kirche kommen mit Worten wie «Irgendwann wirst du erkennen, weshalb Gott dir dies zumutet», oder bei Bestattungen aus den vorgegebenen Texten daherplappern: «Gott hat in seinem unergründlichen Ratschluss ... zu sich gerufen», dann könnte ich ausrasten. Vielleicht liegt es nur daran, dass meine Frau und ich bis heute noch keine Antwort gefunden haben, weshalb *dieser* Gott uns zu Beginn des Jahres 2000 unseren Elias «geschenkt» und gleich wieder «genommen» hat, obwohl wir uns sehr auf dieses Kind gefreut haben. Und dann lesen oder hören wir immer wieder über andere Eltern, die ihre Kinder in Mülleimer werfen, misshandeln oder einfach nur miserabel erziehen. Wie verhält es sich da mit dem «Willen Gottes»? Warum dann wir? Wenn wir für den Tod von Elias überhaupt so etwas wie einen Sinn konstruieren könnten, dann wohl nur der, dass wir «GOTT» neu denken und begreifen mussten.

Aber nicht nur auf dieser sehr persönlichen und emotionalen Ebene stellt sich die Frage, wer oder was GOTT eigentlich sei. In einer Zeit, in der wir als Menschheit danach forschen, wie die Welt, das Universum entstanden sein könnte und bei der Entdeckung eines Elementarteilchens (Higgs-Boson) im europäischen Kernforschungszentrum CERN in Genf gleich von einem «Gottesteilchen» sprechen, steht «GOTT» im obigen Sinn auf verlorenem Posten. Ich erinnere mich noch gut, als im Jahr 1969 unser damaliger Kaplan Burkhard Krapf am Sonntag nach der ersten Mondlandung darüber predigte, wie einschneidend dieses Ereignis für unseren Glauben und seine Verkündigung wäre. So ganz hatte ich damals nicht begriffen, was mit einer «kopernikanischen Wende» gemeint war, aber an den Gesprächen und Reaktionen meiner Eltern beim sonntäglichen Mittagstisch wurde mir klar, dass das auch für sie was ganz Bewegendes war. «Was kann man denn da noch glauben?», war so eine Frage, die mir blieb – erst recht aus dem Mund meiner «tiefgläubigen» Eltern, will sagen: von Menschen, die so schnell nichts umhauen konnte, was Kirche und Glaube betraf, und deren Glaubensüberzeugung mir bis dahin wie unkaputtbar erschien.

In meinem jahrelangen Zweifeln und Suchen bin ich auf einen anderen Zugang zu dem gestoßen, den wir «GOTT» nennen. Und ich möchte versuchen, diesen zu beschreiben – auch auf die Gefahr hin, dass schon hier etliche Leserinnen und Leser abschalten, weil dieser Weg ihrer Glaubensüberzeugung widerspricht oder diese gravierend infrage stellt.

Meine Überlegungen und Überzeugungen gehen von der gesamten Menschheitsgeschichte aus. Und diese beginnt bekanntlich vor unvorstellbar langer Zeit! Die Evolutionsgeschichte benennt als einen der ersten Vertreter der Gattung Mensch den *homo rudolfensis*, der vor etwa zwei Millionen Jahren gelebt haben soll. Dieser Mensch hieß nicht so (wie ich), sondern dieser Name verweist lediglich auf den Fundort am Rudolfsee (heute Turkanasee) in Kenia. Über den *homo erectus* hat sich dann bis vor etwa zweihunderttausend Jahren der *homo sapiens* herausgebildet, der sich dann auch bewusst ist bzw. wird, dass er sozial verantwortlich, aber auch sterblich ist. Die Menschheit, wie wir sie heute charakterisieren und von anderen Lebewesen wie der Tier- und der Pflanzenwelt unterscheiden, denkt also erst dann – und das ist ja im Vergleich noch gar nicht so lange her – über sich hinaus, lebt nicht mehr nur «von der Hand in den Mund», nur im Heute und Hier. Als ein solcher sozialer Mensch sammelt er mit vielen anderen zusammen ein Wissensschatz, wie das Miteinander gelingt bzw. misslingt. Durch die Kommunikation miteinander, durch Erfahrungen und auch Fehler bzw. Fehlverhalten wird dieser Wissensschatz der Menschheit immer grösser und immer weiter. Die Menschheit beginnt allmählich auch über sich, über die Gegenwart und schließlich auch über die Welt hinaus zu denken. So etwas nennt man dann im Theologenjargon «transzendieren». Und damit kommen nun auch GOTT bzw. die Götter «ins Spiel».

Denn entsprechend dem alten Weltbild, dass die Erde eine Scheibe ist und sich darüber das Himmelszelt spannt, an dem die

Sterne angeheftet sind und über dem das Jenseits ist, entstehen Bilder von Götter und Göttinnen mit sehr unterschiedlichen Zuständigkeitsbereichen. Auf die muss man hören, denen muss man dienen und wohlgefällige Opfer bringen, damit das Zusammenleben gelingt. Wer sich denen widersetzt, der oder die – und sei auch ein ganzes Volk – wird bestraft. Die Menschheit hat also in einer relativ kurzen Zeit von nicht mal zweihunderttausend Jahren – zumindest verglichen mit dem Alter der Erde, das auf etwa 4,6 Milliarden Jahre geschätzt wird – so etwas wie einen «Glauben» entwickelt. Man hat das angesammelte Wissen um ein gelingendes soziales Miteinander, aber auch um das Gute, Schöne, Wahre usw. vom einzelnen Menschen, aber auch vom Hier und Jetzt «losgelöst», verabsolutiert, transzendiert. Dieses Wissen sollte nicht (mehr) von einzelnen Menschen, Stämmen oder Völkern abhängig und damit vergänglich sein, sondern überzeitlich und überweltlich.

Mit dieser These vertrete ich also die Meinung, dass die Trennung zwischen «Diesseits» und «Jenseits» nach und nach im Laufe der Menschheitsgeschichte vollzogen wurde. Das ist aber nicht gleichzusetzen mit der These: Gott ist eine Erfindung des Menschen! Wenn, dann könnte man allenfalls sagen: Der Mensch hat nach und nach diesen «GOTT» *ent*deckt, erkannt, als letztgültige «Wahrheit» herausgefiltert. Martin Heidegger übersetzt Wahrheit [griechisch: *aletheia*] mit «das Unverborgene», ans Licht Gekommene. Wahrheit ist demnach nicht etwas, was ich mache, sondern was ich finde – weil es schon da ist. Deshalb kann man von der Wahrheit oder auch von diesem «GOTT» sagen: SIE oder ER ist *über* dem Hier und Jetzt, «vor aller Zeit, so auch jetzt und in Ewigkeit».

Für diese These spricht zumindest, dass erst «vor Kurzem», nämlich im 14. Jahrhundert v. Chr., die Idee eines «Einen Gottes», des *Monotheismus*, aufkam. Damals versuchte es Pharao Echnaton mit Aton, scheiterte aber am religiösen Empfinden seines Volkes, das den Polytheismus (die vielen Götter und Göttinnen) nicht aufgeben wollte. Erst im 6. Jahrhundert v. Chr. setzte sich der

Monotheismus dann mit dem Judentum und später, darauf aufbauend, auch in den beiden anderen abrahamitischen Religionen (Christentum und Islam) durch. Während das Judentum diesen GOTT so absolut setzte, dass es sogar verbot, seinen Namen (JHWH – Jahwe) auszusprechen und Bilder von ihm anzufertigen, gab ihm Jesus als Begründer unserer christlichen Religion sogar einen Kosenamen: «Abba» – sinngemäß übersetzt: Papa! Es ist wohl gut vorstellbar, dass sich so manche Pharisäer und Schriftgelehrten an dieser intimen Anrede Gottes ungemein gestört haben, zumal sie Jesus nicht für sich allein beanspruchte, sondern auch seine Jünger und Jüngerinnen ermutigte, sie als Ausdruck der besonderen Vertrautheit mit Gott zu verwenden.

Das Judentum hatte dagegen eine tolle «Sicherung» im Umgang mit Namen und Bildern Gottes eingebaut. Schon in der Namensgebung zeigt sich nämlich der jüdische Gott als ein Unbegreiflicher, Unfassbarer. Jahwe heißt nämlich, zumindest nach der Übersetzung und Überzeugung von meinem Lehrer für das Alte Testament, Alfons Deissler: «Ich bin der, der ich sein werde». Und dies bedeutet doch: «GOTT» ist nie fertig, unser Bild von ihm entwickelt sich weiter. Und nach unserem jüdischen und christlichen Gottesverständnis geht er den Weg mit der Menschheit mit und lässt sich von dieser berühren und bewegen. Zumindest gilt dies noch für den Jahwe, mit dem Abraham in Genesis Kapitel 18, Verse 23–32 verhandelt: Wollte dieser Gott noch alle Einwohner Sodoms vernichten, handelt ihn Abraham herunter und überzeugt ihn, dass es ungerecht ist, wenn sich auch nur zehn Rechtschaffene unter der Bevölkerung befinden. Also doch ein recht sympathisches Gottesbild: Der «alte Mann» lässt mit sich verhandeln, ist lernfähig.

Und ein Zweites haben die Juden uns in gewisser Weise voraus: das Bilderverbot. Im zweiten Gebot der Gesetzestafel von Moses (Deuteronomium 20,4–6) steht ja klar und deutlich:

> «Du sollst dir kein Gottesbild machen und keine Darstellung von irgendetwas am Himmel droben, auf der Erde unten oder im Wasser unter der

Erde. Du sollst dich nicht vor anderen Göttern niederwerfen und dich nicht verpflichten, ihnen zu dienen.»

Man kann dies, wie auch Martin Luther und einige radikale Reformatoren wie Zwingli in Zürich und Calvin in Genf, nun so auslegen, dass man sich überhaupt kein Bild von «GOTT» machen soll. Einige neuzeitliche – vor allem natürlich katholische – Theologinnen und Theologen legen dieses Gebot jedoch auf die Weise aus, dass gesagt worden sei: Du sollst dir kein *einziges* Bild von «GOTT» machen und dies über alles andere stellen im Sinn von: So ist «GOTT» und nicht anders! Im bildreichen Mittelalter war man besonders schlau und erfand mit dem Begriff «Analogie» eine Hintertür, mit der man problemlos weiter Bilder malen und «GOTT» beim Namen nennen konnte: «Bei der theologischen Analogie ist die Unähnlichkeit der analogen Rede immer größer als die Ähnlichkeit!», kann man in vielen theologischen Handbüchern nachlesen. Etwas vereinfachter ausgedrückt: Jeder Mensch bzw. Gläubige kann sich ein Bild von «GOTT» machen, aber er soll dabei zugleich bedenken, dass dies nicht das *ganze* Wesen Gottes ausdrückt. Daneben gibt es noch unzählig viele andere Bilder, die auch nur ein Spektrum des Ganzen wiedergeben, was «GOTT» sein kann. Wenn ich also mein Leben lang glauben würde, Gott ist auf keinen Fall anders als der alte Mann, den Michelangelo Buonarroti an die Decke der Sixtinischen Kapelle gemalt hat, und in keinem Fall eine Frau, dann verstieße ich genau gegen dieses Bilderverbot.

«Ich bin der, der ich sein werde», bedeutet also gerade nicht, dass *ich mir* – ganz individuell – «GOTT» modellieren kann, wie ich «ihn» gerade brauche und für richtig halte. Es heißt viel mehr, dass *wir gemeinsam* – einander ergänzend und korrigierend – unsere Gottesbilder den Gegebenheiten im Hier und Heute anpassen und weiterentwickeln dürfen.

Und das ist überfällig! Die letzten Jahrhunderte und erst recht Jahrzehnte haben uns Menschen in gewaltigen Schüben aufgeklärt. Wir *wissen* heute viel mehr um Ursachen- und Wirkungszusammenhänge. Naturkatastrophen sind für uns heute nicht mehr auf den Zorn der Götter oder des Einen Gottes zurückzuführen, sondern lassen sich meist geologisch oder sonstwie wissenschaftlich erklären. Wir *wissen* heute weitergehend um Krankheits- oder Todesursachen und müssten uns nicht mehr verleiten lassen, auch einen noch so unerklärlichen und unverständlichen Tod als den Willen Gottes zu verkaufen. Und wir *wissen* heute auch viel mehr um die Zusammenhänge und Folgen von Umweltverschmutzung, Waldrodung und vielem anderen, das keineswegs der Bewahrung oder Erholung der Schöpfung dient. Niemand käme heute noch auf die Idee, das Ozonloch als Werk der Schöpfung Gottes zu sehen.

Dieser *wissen*tliche Fortschritt hat den Gott, an den die frühere Menschheit noch unbedenklich glaubte oder auch als Lückenbüßer für Erklärungsnotstände missbrauchte, mehr und mehr entlarvt. Man könnte auch sagen: Das Gottesbild wurde mehr und mehr gereinigt. Doch was ist geblieben, und was bleibt?

Mein Ansatz, «GOTT» so zu denken, basiert auf Aussagen, die ich im Katholischen Erwachsenenkatechismus der deutschen Bischöfe (1985) gelernt habe. Dort heißt es:

> «Im Menschen meldet sich neben der Erfahrung seiner Endlichkeit auch die Erfahrung von etwas Unbedingtem. Trotz der Erfahrung unserer Endlichkeit hören wir Menschen nämlich nicht auf zu arbeiten, zu streben und dem Glück nachzujagen. Offenbar meinen wir dabei mehr als die vergänglichen Erfahrungen irdischen Glücks. Unser Streben geht weiter, es zielt auf etwas, was unser Alles sein kann. Es geht auf das Ganze. So streben wir über alles Erfahrbare und Erreichbare hinaus, sind ständig unterwegs, nie fertig, haben immer Hunger und Durst nach mehr Wahrheit, mehr Gerechtigkeit und mehr Glück … Das Leben des Menschen ist ein *Weg*, ein Weg in ein Geheimnis hinein. Es ist die Grundüberzeugung aller Religionen wie der Bibel: Das Geheimnis des Menschen grenzt an ein noch tieferes und noch größeres Geheimnis, das wir in der Sprache der Religionen wie der Bibel Gott nennen.» (Kapitel 4.1)

Gott ist also letztlich ein Geheimnis, aber nicht in dem Sinn, dass niemand etwas von ihm wissen darf, sondern im Sinn eines «Mysteriums»: ein Etwas, das es gibt, das man mit gewöhnlichen Worten und Bildern nicht beschreiben kann, das aber für unser Leben und unsere Lebensgestaltung enorm relevant ist:

> «Die Entscheidung für Gott erweist sich als Entscheidung für den Menschen … Die Entscheidung für Gott bedeutet die Entscheidung für die Freiheit und für die unbedingte Würde des Menschen. Dies bedeutet dann, dass letztlich nicht abstrakte Sachgesetzlichkeiten, nicht blinder Zufall und nicht ein anonymes Schicksal die Welt regieren. Der Glaube an Gott erlaubt, ja fordert, dass wir uns selbst und alle anderen Menschen unbedingt annehmen, weil wir unbedingt angenommen sind. Er ermöglicht ein grundlegendes Vertrauen in die Wirklichkeit, ohne das niemand leben, lieben und arbeiten kann. Der Glaube an Gott unterdrückt nicht menschliche Freiheit, er begründet vielmehr die Überzeugung von ihrem unbedingten Wert und verpflichtet zur unbedingten Achtung jedes Menschen wie zum Einsatz für eine freiheitliche gerechte Ordnung unter den Menschen …» (Kapitel 4.5)

Weil und wenn wir erkennen, dass es «etwas» gibt, das außerhalb unserer Verfügungsmacht liegt, etwas Unbedingtes, das es zu beachten gilt, wenn wir nicht nur an *unser* Glück und an *unsere* Freiheit denken, sondern auch an das gesamte Sozialgefüge um uns herum und in dieser Welt, dann erkennen wir «GOTT» als Gott an.

Wer nach diesem theologischen Erklärungsversuch immer noch Probleme hat, mit Gott etwas anzufangen, kann es vielleicht auch mit einem anderen, unverfänglicheren Begriff versuchen: mit Gewissen. Auch auf die Gefahr hin, schon wieder als «zweiter Luther» gebrandmarkt zu werden (auf ihn geht nämlich die heutige Bedeutung wesentlich zurück), sehe ich darin eine geniale Brücke zu dem, was man auch unter «GOTT» verstehen kann. Martin Luther hat erklärt, dass der griechische Begriff *syneidäsis* und dessen lateinische Übertragung *conscientia* nicht angemessen mit Bewusstsein oder mit Gewissen übersetzt werden kann. Eine bessere Übersetzung wäre «Mitwissen», wenn man darunter auch das Mitwissen einer übergeordneten Instanz versteht.

Ob jetzt *Mit*wissen oder *Ge*wissen: Nach meinem Verständnis geht es darum, dass sich die Menschheit – also lange vor mir und auch lange nach mir – einen Erfahrungsschatz zugelegt hat und zulegen wird, der weit über mein eigenes Urteilsvermögen hinausgeht. Dieser Erfahrungsschatz wächst auch weiterhin durch all die gemeinschaftlichen Erfahrungen und das zunehmende Wissen jedes einzelnen Menschen, der nach mehr Wahrheit, mehr Gerechtigkeit und mehr Glück strebt – nicht nur für sich selbst, sondern für die ganze Menschheit. Aber dieses Gewissen oder Mitwissen ist mir *nicht* genetisch vererbt, unauslöschlich in meine DNA eingraviert, sondern jeder Mensch muss es *für sich selbst* suchen und entdecken. Genau diese Suche ist für mich dann das Charakteristikum für einen «religiösen» Menschen! Denn das Wort religiös ist abgeleitet von dem lateinischen Verb *religere*, was so viel bedeutet wie sich binden, befestigen oder auch bedenken, rücksichtsvoll beachten.

«Religiös» sind Menschen für mich also nicht (nur) dann, wenn sie sich einer (Welt-)Religion zugehörig fühlen, sondern wenn sie nach dem Guten, dem Wahren, dem Schönen, dem Glück und Heil für alle Menschen dieser einen Welt suchen. Ich bin überzeugt: Das sind heute viel mehr als nur diejenigen, die sich in irgendeiner Weise, sei es finanziell oder auch aktiv, zu einer Konfession oder Religion bekennen. Ebenso wenig wie Karl Rahner mit seinem Begriff vom «anonymen Christen» geht es mir dabei nicht um Vereinnahmung. Vielmehr möchte ich gerade die Kirchenleute sensibilisieren, Religiosität oder Gläubigkeit nicht allein an der Zugehörigkeit an der Kirchensteuergemeinschaft oder am aktiven Engagement in der Kirche festzumachen, sondern offen zu sein auch für die Menschen, die aufrichtig suchen. Und deshalb hat mich an der Enzyklika von Papst Franziskus mit den Titel «Laudato si» (2015) am meisten fasziniert, dass er den Kreis der Adressaten dieses Schreibens «sprengt» – ebenso wie schon Johannes XXIII.:

«Er richtete seine Botschaft *Pacem in terris* [1963] an die gesamte ‹katholische Welt›, fügte aber hinzu: ‹und an alle Menschen guten Willens›. Angesichts der weltweiten Umweltschäden möchte ich mich jetzt an jeden Menschen wenden, der auf diesem Planeten wohnt. In meinem Apostolischen Schreiben *Evangelii gaudium* [2013] schrieb ich an die Mitglieder der Kirche, um einen immer noch ausstehenden Reformprozess in Gang zu setzen. In dieser Enzyklika möchte ich in Bezug auf unser gemeinsames Haus in besonderer Weise mit allen ins Gespräch kommen.» (Nr. 3)

Mit allen ins Gespräch kommen, das ist diesem Papst ein Herzensanliegen – und zwar auf gleicher Augenhöhe! Ganz gewiss war das auch ein Anliegen der beiden Vorgängerpäpste, aber – zumindest nach Meinung von Andreas Englisch, der unter Johannes Paul II. großgeworden ist und ihn lange Jahre als Journalist begleitet hat – nicht auf diese Weise. Die Vorlesungen, die Benedikt XVI. bei seinen Audienzen und Reisen gehalten hat, sind ja zum Teil nur deshalb so bekannt geworden, weil die Zuhörerschaft, meist auch die Journalisten, sie gar nicht verstanden haben und dementsprechend nur einen Teil des Ganzen verfälscht wiedergeben konnten. Und bei Johannes Paul II. wusste man auch schon, worauf jeder Dialog hinausläuft: Denkt mal darüber nach, ich mache dann eh, was ich will und für richtig halte.

Wir leben also seit März 2013 in einer Zeit, in der man wieder laut nachdenken und miteinander ins Gespräch kommen darf, ohne mit Zensuren oder Restriktionen rechnen zu müssen – zumindest nach derzeit päpstlicher Grundeinstellung, die aber bekanntlich nicht alle katholischen Würdenträger mit Franziskus teilen. Manchmal braucht es noch den Mut, den lokal näheren Pfarrer oder Bischof zu «über-sehen», um voranzukommen, den Blick auf Papst Franziskus zu richten und bei ihm die notwendende Legitimation zu suchen. Und er macht ja in all seinen Predigten und Schreiben nichts anderes als an jenen «heiligen Ursprung» zu erinnern, an Jesus Christus, dessen «Gute Nachricht» in den Evangelien und einigen Apostelbriefen zusammengefasst ist.

Wenn Gott (nicht) Mensch werden darf

Ich behaupte also mit Inbrunst: «GOTT» wird! Er bzw. unser Bild von ihm ist noch nicht abgeschlossen, fix und fertig. So wie wir in den letzten Jahrhunderten – und erst recht in den letzten Jahrzehnten – manche Ansichten über ihn ständig korrigieren mussten, werden wir dies auch künftig tun müssen!

Und auch das Gewissen ist, wie bereits gesagt, nicht etwas, was mir in die Wiege gelegt ist. Das Gewissen bildet sich erst aus. Thomas Mann sagt: «Zum Bewusstsein kommen heißt: ein Gewissen bekommen, heißt wissen, was gut und böse ist.» Dazu muss ich als Kind von meinen Eltern und Mitmenschen herangeführt werden, damit ich es mehr und mehr verstehe, internalisiere. Für uns als Eltern war zu Beginn dieser neuen Lebensaufgabe eine Aussage der katholischen Autorin Marielene Leist wegweisend:

«Das Kind erfährt seine Eltern als die ersten Götter. Noch bevor es das Wort Gott kennengelernt hat, hat es die Erfahrungen von Vater und Mutter, die scheinbar allmächtig sind. Sie können seinen Hunger stillen, seinen Schmerz lindern, das Spielzeug bringen, ihnen das Herz erfreuen mit Späßen und es warm und geborgen halten im Arm ... Wenn der Säugling in eine Welt hineinwächst, die derart voller Wärme und Leben ist, so ist seine früheste und grundlegendste Erfahrung vom Leben, das von einem höheren gelenkt wird, positiv. Es wird ihm auch in bittersten Not glaubhaft sein, dass Gott zu helfen vermag.

Aber auch das Gegenteil kann eintreten. Wenn eine Mutter das Baby als Spielzeug benutzt, es überzärtlich liebt, dann hektisch beiseiteschiebt, es im Stich lässt, wird es sich voraussichtlich unauslöschlich einprägen: Das Leben besteht nur aus ein paar schönen Augenblicken, die meiste Zeit musst Du warten, Trübsal blasen ... Auch Gott ist kein Gott verströmender Liebe, sondern das Schöne und Wünschenswerte bekommst Du nur für kurze Zeit.

Vater und Mutter prägen das Bild von Gott stärker als es ihnen lieb sein kann!»

Sicher haben wir als Eltern nicht alles richtig gemacht. Und ganz sicher erheben wir keinen Anspruch darauf, vollends zu wissen, wie man Kinder richtig, also zu aufrichtigen, eigenverantwortlichen und auch «gläubigen» Menschen erzieht! Aber wir müssen auch nicht eingestehen, alles falsch gemacht zu haben. Es gibt Zeiten, in denen wir auf unsere beiden Söhne auch richtig stolz sind – nicht immer, aber immer öfter.

In unserer Arbeit als Theologe und als Erzieherin bzw. Kindergartenleiterin dürfen wir immer wieder erleben, dass auch andere – junge und auch nicht kirchlich gebundene – Eltern rein intuitiv das Richtige tun, damit «GOTT» in dieser Beziehung zwischen Eltern und Kindern wachsen und gedeihen kann. Und überraschenderweise erlebt meine Frau im Kindergarten häufig Kinder, die in ihren Augen einfach «knuffig», aufgeschlossen, sozial kompetent sind, selbst wenn die Eltern oder der alleinerziehende Part nicht gerade den besten Eindruck erwecken.

Doch müssen wir auch nicht selten feststellen, dass von nicht wenigen Eltern grundlegende Fehler gemacht werden, nicht nur jene, die Marielene Leist beschreibt. Wir sehen heute zunehmend ein Problem, dass Eltern ihre Kinder ständig überwachen wollen, mittels Handy jederzeit wissen wollen, was ihr Kind gerade macht, wo es ist, wie es ihm geht. Wir nennen sie «Helikopter-Eltern». Mit ihnen verbinde ich einen Spruch aus meiner Kinderzeit: «Es ist ein Aug', das alles sieht, selbst wenns in dunkler Nacht geschieht.» Heute würde man auch sagen: «Big brother is watching you!» Und noch heikler werden diese Allesüberwacher dann, wenn es darum geht, ihre Kinder vor allem zu schützen, was gefährlich oder schädlich sein könnte. Solche Kinder gelangen nur sehr schwer zu einer *Resilienz*, wie es die Pädagogik so schön formuliert, also zu einer seelischen Widerstandsfähigkeit oder Unverwüstlichkeit, die sich von widrigen Lebensumständen, Lebenskrisen und Schicksalsschlägen nicht unterkriegen lässt, sondern in Krisen kreativ und flexibel reagiert. Solchen Eltern ist eines gemein: Sie «meinen es gut», aber sie schaden ihren Kindern ungemein, besonders wenn sie diese dann auf jeden Fall verteidigen und «ins rechte Licht rücken», auch wenn sie sich danebenbenommen oder tatsächlich Unheil angerichtet haben. Die Aufzählung ließe sich unendlich weiterführen.

Die Frage ist also: Was tun wir als Eltern, als Lehrer und Lehrerinnen, als Erzieher und Erzieherinnen, als Katecheten und Katechetinnen, als Theologen und Theologinnen dafür, dass Kinder und Jugendliche – und natürlich auch Erwachsene – viel mehr den «GOTT» kennenlernen, der befreit, Freiraum gewährt, uns zur Mitverantwortung für diese Welt und Schöpfung ruft? Das sind ja schließlich nicht nur religiöse oder gar kirchliche Postulate: Frieden, Gerechtigkeit, Bewahrung der Schöpfung – da gehen wir ja mit vielen Umwelt- und Menschenrechtsorganisationen Hand in Hand. Gott sei Dank hat die katholische Kirche nicht erst seit Papst Franziskus erkannt, dass «Grüne» Parteien auch von Christinnen und Christen wählbar sind! Im Januar 1987 erklärte Joseph Kardinal Höffner tatsächlich noch, dass die Grünen «für Christen eine nicht wählbare Partei sei». Diesen Graben zwischen der katholischen Kirche und der ökologischen Bewegung hat leider auch Papst Benedikt XVI. in seiner Rede vor dem deutschen Bundestag im September 2009 nicht zugeschüttet. Er äusserte darin zwar sehr positiv: «Das Auftreten der ökologischen Bewegung in der deutschen Politik seit den 70er-Jahren hat zwar wohl nicht Fenster aufgerissen, war und bleibt aber ein Schrei nach frischer Luft, den man nicht überhören darf und nicht beiseiteschieben kann.» Nach meinem Geschmack war aber dann die hinzugefügte Bemerkung unnötig: «Es ist wohl klar, dass ich hier nicht Propaganda für eine bestimmte politische Partei mache – nichts liegt mir ferner als dies.» Papst Franziskus hätte sicher mehr Anerkennung und Wertschätzung zum Ausdruck gebracht – und damit Brücken gebaut!?

Uns als Christinnen und Christen muss es doch sehr am Herzen liegen, Bündnispartnerinnen und Bündnispartner – Menschen guten Willens – in allen «Lagern» der Menschheit zu suchen und ihnen die Hand zu reichen, um den, den wir als «GOTT» verehren und nach dessen «Weltanschauung» wir zu leben suchen, wieder mehr zur Geltung zu bringen. Warum nicht auch sich einbringen und eine Diskussion lancieren, wenn eine – wohl kaum religiöse – Musikgruppe wie PUR sich in ihrem Lied «Bitte lieber Gott» der Gottesfrage widmet? Hartmut Engler oder auch eine gute Ghostwriterin setzt sich darin auseinander, wie man sich Gott denken kann. Das Lied geht natürlich von einem gängigen Gottesbild aus: von einem alten Mann, der müde an seiner Last schleppt und darunter leidet, dass so viele an ihn glauben und doch nichts klappt auf dieser Erde, wie er sich das vorgestellt hat. Doch das Wesentliche ist auf die einzelnen Strophen verteilt:

«Er gab ihnen das Feuer und die Freiheit zu denken,
zu glauben und zu verstehen.
Doch dann entdeckte er, das Denken war nicht zu lenken,
ein Fehler im System?
Er hat als Hilfe zu Selbsthilfe mit Bedacht so manches klare Zeichen gesetzt.
Den Weg aus dem Schlamassel, aus dem Chaos zu finden,
das kann er für die Welt nicht allein.
Jeder muss ihn für sich suchen, keiner sieht für die Blinden,
keiner kann ohne Hoffnung sein.»

So verrückt – den herkömmlichen Glauben verrückend – es auch klingt: «GOTT» kann die Welt nicht allein retten. Er braucht dazu die Unterstützung von Menschen. Die ganze Gottesgeschichte, zumindest was die Zeugnisse im Alten und im Neuen Testament der Heiligen Schrift angeht, hat Gott immer wieder mit Menschen kooperiert, die sich auf ihn eingelassen haben: Abraham, Mose, Elija, Jeremia, Jesaja, Rut, Amos, Jesus, Paulus und wie sie alle heissen. Immer wieder haben sich Menschen auf diesen Gott ausgerichtet, sind von ihm gerufen worden, das Volk wieder auf die rechte Bahn zu lenken, damit (wieder) Gerechtigkeit, Wahrheit, Glück, Friede, Barmherzigkeit, Solidarität, Versöhnung, Einheit usw. zur Vorherrschaft kommen. Für mich ist Papst Franziskus einer, der sich in dieser Linie der Propheten und Prophetinnen einreiht, wenn er beispielsweise in seiner Enzyklika «Laudato si» schreibt:

«Doch in besonderer Weise müssten uns die Ungerechtigkeiten in Wut versetzen, die unter uns bestehen, denn wir dulden weiterhin, dass einige sich für würdiger halten als andere. Wir bemerken nicht mehr, dass einige sich in einem erniedrigenden Elend dahinschleppen ohne wirkliche Möglichkeiten, es zu überwinden, während andere nicht einmal wissen, was sie mit ihrem Besitz anfangen sollen, voll Eitelkeit eine vorgebliche Überlegenheit zur Schau stellen und ein Ausmaß an Verschwendung hinter sich zurücklassen, das unmöglich verallgemeinert werden könnte, ohne den Planeten zu zerstören. Wir lassen in der Praxis weiterhin zu, dass einige meinen, mehr Mensch zu sein als andere, als wären sie mit größeren Rechten geboren.» (Nr. 90)

Schon im 8. Jahrhundert vor Christus hat der Prophet Amos ähnliche Provokationen losgelassen:

«Ihr liegt auf Betten aus Elfenbein und faulenzt auf euren Polstern. Zum Essen holt ihr euch Lämmer aus der Herde und Mastkälber aus dem Stall. Ihr grölt zum Klang der Harfe, ihr wollt Lieder erfinden wie David. Ihr trinkt den Wein aus großen Humpen, ihr salbt euch mit dem feinsten Öl und sorgt euch nicht über den Untergang Josefs.» (Kapitel 6, 4–6)

Damals – und noch lange danach – verkündigten diese Unheilspropheten, dass Gott selbst diese Schande bestrafen wird. Franziskus stützt meine Überzeugung, dass nicht Gott, sondern der «gottlose Mensch» sich selbst strafen, ins Unheil stürzen wird, wenn er in «Laudato si», Nr. 117 schreibt:

«Wenn sich der Mensch für unabhängig von der Wirklichkeit erklärt und als absoluter Herrscher auftritt, bricht seine Existenzgrundlage selbst zusammen, denn statt seine Aufgabe als Mitarbeiter Gottes am Schöpfungswerk zu verwirklichen, setzt sich der Mensch an die Stelle Gottes und ruft dadurch schließlich die Auflehnung der Natur hervor.»

Was dieser «GOTT», an den *ich* glaube, von mir und uns will, ist nichts anderes als eine *Partnerschaft*. Den Menschen – mich selbst – als Partner und Partnerin Gottes zu sehen, ist aber wohl für sehr viele *in* der Kirche noch eine ungewohnte Sichtweise. Zumindest nehme ich das so wahr, wenn ich immer wieder positive Rückmeldungen bekomme auf ein Gebet, das im «Weihnachtslob», einer von mir organisierten und gestalteten besinnlichen Feier am Heiligabend für Suchende und Fragende, vortragen wird:

«Bevor du die Weihnachtszeit für beendet erklärst, geh nochmal in eine Kirche und zur Krippe hin. Schau auf dieses Kind und lass dich von ihm wandeln:
Mach seine Augen zu deinen Augen, seine Ohren zu deinen Ohren, sein Herz zu deinem Herz, sein Denken zu deinem Denken, und seinen Mund zu deinem Mund.
Mach seine Hände zu deinen Händen, seine Füße zu deinen Füßen, seine Barmherzigkeit zu deiner Barmherzigkeit, seinen innerlichen Frieden zu deinem Frieden.
Dann kann jeder Mensch dir Bruder oder Schwester werden, auch der Flüchtling, die Obdachlose, die Nachbarn, die Freundinnen und Freunde. So kommt Gott zur Welt – mitten unter uns – ganz in unserer Mitte.
Dazu segne uns alle der gütige und barmherzige Gott, der Vater, der Sohn und der Heilige Geist. Amen.»

Immer wieder höre ich dann: Das sind ja ganz andere Töne in der Kirche, als wir gewohnt sind! Einer hat es mal treffend in einer Frage formuliert: «Habt ihr euch endlich von dem ‹allmächtigen› Gott befreit?»

Viele Theologinnen und Theologen, Gläubige und dem Glauben wohlgesinnte Menschen aus meinem «Dunstkreis» werden sich in dieser Denkrichtung bestätigt wissen – und sie wiederum ermutigen und motivieren mich, solches auch zu schreiben.

Viele werden aber auch sagen: Nein, das will ich ja gar nicht! Und ich gebe auch gerne zu: Vieles, was Papst Franziskus sagt und schreibt und was in der Bibel steht, behagt mir auch nicht so ganz und gar. Da werde ich herausgefordert, oft auch unangenehm angefragt: Und wie hältst du es mit dem Glauben? Selbst wenn ich hier sitze und schreibe, frage ich mich: Lohnt sich das Ganze? Müsste ich jetzt nicht besser auf die Straße und mich um jene kümmern, die meine Hilfe und Begleitung bräuchten? Wäre es nicht sinnvoller, Beno Kehl, der sich im Haus Zuflucht und in der Langstrasse in Zürich um Randständige kümmert, mit Herz, Fuß und Hand zu unterstützen? Schon deshalb will und kann ich keinem Menschen einen Vorwurf machen, wenn er sich diesbezüglich zurückhält!

Was ich aber nicht verstehe – und das ist nun kein Vorwurf und keine Anklage: Was drängt Menschen dazu, die Herausforderungen unserer Gegenwart so erfolgreich zu verdrängen? Sie applaudieren, wenn im Fernsehen oder bei Veranstaltungen Menschen ausgezeichnet werden für außergewöhnliches, freiwilliges Engagement – gerade auch im sozialen Bereich. Aber sie wollen sich selbst nicht, nicht einmal in minimalstem Umfang, in Verantwortung nehmen lassen. Mitmachen vielleicht oder spenden ja, aber selbst initiativ werden?!

Und noch größere Anfragen habe ich an diejenigen, die lieber – im biblischen Bild gesprochen – «Schafe» bleiben, ihre Verantwortung an den bzw. die «Hirten» delegieren. Rein statistisch gesehen handelt es sich bei diesen «Traditionellen» um eine Minderheit in den Kirchen, die sich aber sehr laut und unüberhörbar zu Wort melden. Sie wollen gar keine Eigenverantwortung. Sie wollen Führer und vielleicht auch Führer*innen*, die ihnen klar sagen, wo es lang geht. Und sie finden diese in der katholischen Priesterschaft, in der reformierten Pfarrerschaft, bei freikirchlichen Gemeindeleiter und -leiterinnen, die sich als «Mittler zwischen Gott und Mensch» verstehen. Nur sie kennen nach eigener Überzeugung den wahren Willen Gottes und können durch Sakramente, Segnungen, Gebete usw. einen Zugang zu Gott ermöglichen. Für mich sind das Zerrbilder des Glaubens, ein absoluter Widerspruch zu vielen Bibelstellen, in denen von der «Freiheit der Kinder Gottes» (Römer 8,21) oder vom «Geist der Freiheit» (2 Korinther 3,17) die Rede ist. Es ist in meinen Ohren einfach absurd, wie Jesusworte wie die in Johannes 15,15 gedeutet werden. Dort heißt es:

> «Ich nenne euch nicht mehr Knechte; denn der Knecht weiß nicht, was sein Herr tut. Vielmehr habe ich euch Freunde genannt; denn ich habe euch alles mitgeteilt, was ich von meinem Vater gehört habe.»

Nicht wenige christliche Gurus deuten das dann so, dass nur sie die «Freunde» sind, denen alles mitgeteilt wurde und die nun so gnädig sind, andere portionsweise daran teilhaben zu lassen.

Es stimmt mich traurig und zornig, weil kirchlich Außenstehende dann meinen, das sei die Kirche! Und leider Gottes erleben wir gerade jetzt eine Zeit, in der selbst höchste Würdenträger der katholischen Kirche – also Bischöfe und Kardinäle – alles dafür tun, um das Gottes-, Kirchen- und Menschenbild von Papst Franziskus zu desavouieren. Kein Geringerer als der Sekretär der Päpstlichen Kommission für Lateinamerika, Professor Guzmann Carriquiry, kommentierte das Verhalten dieser Kirchenfürsten im Februar 2015 mit den Worten:

> «Sie ähneln den Pharisäern und Schriftgelehrten, die Jesus in böser Absicht folgten und ihn immer wieder auf die Probe stellen wollten, die seine Worte immer böswillig auslegten, weil sie hoffen, ihn bei irgendeiner winzigen Abweichung vom Gesetz zu erwischen, damit sie ihn richten und verurteilen können.»

Letztendlich geht es doch in unserem christlichen Glauben einzig und allein darum, ob wir Gott hier und heute Mensch werden lassen – durch uns und in uns, so wie ihn Jesus damals hat Mensch werden lassen. Aber dazu müssen die Kirchen den Menschen andere Gottesbilder anbieten und erlauben. Sie müssen zulassen, sich von althergebrachten Gottesvorstellungen zu emanzipieren – sie «aus der Hand zu geben», damit nicht eine immer kleinere «Herde an traditionsverbundenen Schafen» das Bild von Kirche prägen, sondern viel mehr Führerinnen und Führer auf dem Weg Gottes, der nicht in die Enge, sondern in die Weite führt (Psalm 18,20).

Der Mensch Jesus

Vielleicht ist der eine oder die andere gerade über den Satz gestolpert: «... so wie ihn Jesus damals hat Mensch werden lassen.» Das widerspricht ja absolut dem gängigen Sprachgebrauch, dass «GOTT» seinen Sohn gesandt hat, in Jesus «auf die Welt kam» und Mensch wurde! Ich muss immer schmunzeln, wenn ich solche Aussagen höre oder lese, und ich frage mich dann: Also war der Himmel für die Zeit, in der Jesus auf Erden lebte, verwaist?! Wohl nicht!? An wen hätte sonst Jesus seine Gebete, auch seine Verzweiflung richten sollen? Das Problem ist meines Erachtens, dass wir heute zu wenig unterscheiden zwischen dem Menschen Jesus und Jesus, dem Christus. Beide sind zwar identisch, aber doch verschieden.

Meinem Eindruck nach ist Jesus wie eine riesige Projektionsleinwand. Es gibt sehr viele Jesus-Filme, nicht nur die, die man im Kino oder Fernsehen anschauen kann. Eigentlich hat jeder Mensch seinen eigenen Film produziert, aus Bildern, die ihm als Kind oder auf dem weiteren Lebensweg im Religionsunterricht, bei kirchlichen Anlässen oder Vorträgen angeboten wurden.

Ich erlebe – manchmal mit Entsetzen – immer wieder, wie bruchstückhaft und klischeehaft manche Vorstellungen von Jesus sind. Der letzte Schrei in dieser Beziehung ist der Film «Jesus liebt mich» von und mit Florian David Fitz aus dem Jahr 2012. In einer banalen Geschichte wird Jesus so dargestellt, dass seine angeblichen Begabungen wie Wasser in Rotwein verwandeln, auf dem Wasser gehen, heilen usw. schon fast lächerlich gemacht werden. Als Theologe konnte ich mir diesen Film natürlich nicht entgehen lassen. Aber es hat mich doch ein wenig schockiert, wie das Publikum aus allen Altersgruppen in dem voll besetzten Kinoraum sich belustigt gefühlt hat. Und auch das ist Verkündigung. Mir persönlich hat es deshalb wehgetan (ich rede hier nicht von Blasphemie oder Verletzung religiöser Gefühle), weil hier «mein Jesus» in einer Art und Weise gezeigt wurde, dass er schon gar nicht mehr ernst genommen werden kann.

Aber dafür brauchen wir auch nicht solche Filme. Das besorgen nach meinem Eindruck auch schon viele des sogenannten Bodenpersonals Gottes. Denn etliche Predigten in Gottesdiensten, fundamentalistische oder charismatisch-schwärmerische Schriften oder Interviews auf bestimmten christlichen Sendern im Fernsehen projizieren auch ein Bild von Jesus, das von vielen heutigen Menschen nicht mehr verstanden, schlimmstenfalls als lächerlich empfunden wird.

Was heute angesagt ist, ist eine Reinigung des Jesus-Bildes, das in vielen Köpfen noch vorherrscht. Und ein erster Akt dieser Reinigung ist es, den *Menschen* Jesus zunächst einmal klar zu trennen von dem *Christus*. Dies hat schon Mitte der 70er-Jahre im letzten Jahrhundert der niederländische Theologe Edward Schillebeeckx in seinen beiden (jeweils ca. 600-seitigen) Bänden «Jesus» und «Christus und die Christen» in herausragender Weise geleistet. Diese beiden Werke habe ich während meines Studienaufenthalts in Rom (1984/85) regelrecht verschlungen, und sie prägen seitdem mein theologisches Denken und Empfinden. Natürlich lassen sich diese Fluten an Material nicht auf wenige Zeilen reduzieren und bleibt vieles nur skizzenhaft. Aber ich will versuchen, dieses auf den ersten Blick *nur* theologische Problem auf seine Alltagstauglichkeit herunterzubrechen.

Schillebeeckx arbeitet in seinem ersten Buch deutlich heraus, was bei dem Menschen Jesus *wesentlich* ist und was *akzidenziell*, also quasi hinzugefügt wurde – und dies schon in den vier Evangelien. Zum Wesen Jesu gehört, dass er auf die Menschen zuging, ihnen eine andere Botschaft von Gott und vom Reich Gottes vermittelte, als sie bislang gehört hatten. Dabei hat er aber nicht die jüdischen Schriften außer Kraft gesetzt, sondern nur die Kernaussagen wieder hervorgehoben – gewissermaßen die Glut unter der Asche neu entfacht. Ganz auf dem Boden des Alten Testaments betont er, dass man Gott (die Liebe, die Wahrheit, die Gerechtigkeit, die Barmherzigkeit ...) lieben soll mit ganzem Herzen und ganzer Kraft (Markus 12,30 und Deuteronium 6,5). Und diese Gottesliebe äußert sich darin, dass ich mich selbst und meinen Nächsten liebe (Markus 12,31 und Levitikus 19,18). Das heißt also, dass Jesus von sich und von anderen forderte, solidarisch zu leben und sich sozial so zu verhalten, das mir Mögliche zu tun, um Not zu lindern und Leben zu ermöglichen – ja sogar «Leben in Fülle» (Johannes 10,10). Das ist die Kernbotschaft Jesu – und zugleich die Kernbotschaft Gottes, wie sie Jesus in seinem Leben (von seiner Mutter, seinem Vater, seinen Verwandten, Lehrern, Vorbildern) gelernt und übernommen hat.

Ob und inwieweit Jesus dabei auch «Wunder» gewirkt hat und die Fähigkeit hatte, Naturgesetze zu überschreiten (Blinde sehen, Lahme gehen, Tote werden auferweckt usw.), das gehört in den Bereich des Akzidenziellen. Darüber kann man trefflich streiten, ob es wortwörtlich zu verstehen ist oder eher im übertragenen, bildlichen Sinn.

Nur ein Beispiel: Der jüdische Theologe Pinchas Lapide hat in einem seiner Bücher, das mir noch sehr gut in Erinnerung ist, dargelegt, wie es zu dem Weinwunder von Kanaa gekommen sein könnte. Jesus habe gewusst, dass sich der Wein in den Amphoren, die von Griechenland übers Meer transportiert wurden, durch die Hitze sirupartig am Boden festsetzt, während die übrige Flüssigkeit an Qualität verliert. Indem Jesus die Diener auffordert, die Amphoren mit Wasser zu füllen und umzurühren, habe er einen noch besseren Wein produzieren lassen. Dies könnte eine natürliche Erklärung für dieses «Weinwunder» sein, das der Evangelist Johannes selbst nicht als Wunder, sondern als «Zeichen» beschreibt (2,11). Theologisch viel bedeutsamer ist die Metaphorik, das Bildhafte, an dieser Erzählung: «Sie haben keinen Wein mehr» bedeutet letztlich, dass den Menschen die Freude abhandengekommen ist. Die Hoch-Zeit droht abzustürzen, Pessimismus und Frustration machen sich breit. Wenn jedoch die Diener – wir als Christinnen und Christen – tun, was Jesus uns sagt, wenn wir auf ihn hören, dann tragen wir dazu bei, dass dieses Fest nie zu Ende geht. Diese Vision eines nie endenden Festes findet sich schon beim Propheten Jesaja, also sieben Jahrhunderte zuvor, der auch von «Zeichen» sprach, die es zu verstehen gelte in Bezug auf das messianische Reich.

Zum Wesen dieses Jesus gehört, dass er die Menschen seiner Zeit faszinieren und begeistern konnte, dass seine Reden vom «Reich Gottes», wie er die Herrschaft Gottes nennt, als Visionen, neue Hoffnungszeichen erfahren wurden und er eine Jüngerschaft um sich sammelte, die diese Vision auch als Gemeinschaft lebte und erlebbar machte. Diejenigen, die 1989 schon einigermassen das Weltgeschehen mitbekommen haben, werden sich erinnern, welche Euphorie in Deutschland herrschte nach dem Fall der Mauer und wie die Visionäre und Visionärinnen, die zuvor auf die Straßen gingen mit dem Ruf «Wir sind das Volk», hochgejubelt und gefeiert wurden. Und die Jüngeren haben vielleicht ein wenig von einer solchen hoffnungsmachenden Stimmung miterlebt, als 2008 Barak Obama als erster farbiger Präsident der USA ins dieses Amt gewählt wurde. Dass diese Stimmungen nicht Bestand hatten, wissen wir – bei Jesus ja auch nicht. Dazu später noch mehr.

Wenn ich das *Wesen* dieses Jesus auf den Punkt bringen will, dann kann ich es wohl am besten mit einem Zitat aus dem recht unbekannten Jesus-Film «Die Untersuchung», vor sehr vielen Jahren im Fernsehen unter dem Titel «... und sie erkannten ihn nicht» von Damiano Damiani. Hier fasst der Hauptdarsteller, Titus Valerius Flavius, am Ende seine Erkenntnisse nach einer langen Suche, was es denn mit dem gekreuzigten und auferstandenen Jesus von Nazaret auf sich haben könnte, für Kaiser Tiberius so zusammen:

«Wenn jetzt die Menschen schon nicht mehr durch Waffengewalt befreit werden möchten, sondern durch die Lehre eines Mannes, der gekreuzigt worden ist, dann steht die Welt vor ungeheuerlichen Veränderungen!

Hier in diesem Land ist für den Imperator eine ungeheure Gefahr aufgetaucht, die alles verändern wird.»

Denn dieser Jesus von Nazaret hat nicht nur darüber gepredigt, die Armen, Behinderten, Marginalisierten, Zukurzgekommenen, Gescheiterten, Schuldigen usw. in die Mitte zu stellen und ihnen Mitleid, Barmherzigkeit, tatkräftige Hilfe anzubieten. Er ging noch weiter und sprach

– von der Feindesliebe: «Ich aber sage euch: Liebet eure Feinde, segnet, die euch fluchen, tut wohl denen, die euch hassen, und bittet für die, die euch beleidigen und verfolgen.» Matthäus 5,44 – und damit fordert Jesus ja dazu auf, die Spirale der Eskalation von Gewalt und Gegengewalt zu verlassen und eher mal «gedemütigt» auch die andere Wange hinzuhalten, wenn jemand verbal oder tatsächlich zuschlägt. Das kann ganz schön wehtun, vor allem wenn die Ungerechtigkeit «zum Himmel schreit» und andere nur dumm ihre Macht ausspielen.

Dazu gehört auch Jesu Rede

– von der Furchtlosigkeit: «Fürchtet euch nicht. Denn nichts ist verhüllt, was nicht enthüllt wird, und nichts ist verborgen, was nicht bekannt wird. Fürchtet euch nicht vor denen, die den Leib töten, die Seele aber nicht töten können!» Matthäus 10,26 f. – «sehenden Auges» auch den Tod in Kauf nehmen wie Stephanus, der erste Märtyrer, und viele andere wie Giordano Bruno, die wussten, dass ihnen Unrecht angetan wird, die aber auch in der Hoffnung starben, dass die Nachwelt es anders beurteilen würde. Und auch hier muss ich wieder Papst Franziskus ins Spiel bringen: Es ist bekannt, dass er auf die hohen Sicherheitsmaßnahmen pfeift und seine Bodyguards an den Rand der Verzweiflung bringt, wenn er mal wieder ungeplant sein Papamobil verlässt und auf Menschen zugeht. Und es ist auch schon reichlich darüber spekuliert worden, wie sehr ihn die Mafia und auch der «Islamische Staat» im Visier haben, weil er sie permanent angreift (die Mitglieder der Mafia hat er bereits exkommuniziert!). Einem befreundeten argentinischen Priester, Juan Carlos Molina, der selbst gegen den Drogenhandel in seinem Land kämpft, soll er auf den Hinweis, dass die Gefahr, dass man ihn töte, sehr groß sei, gesagt haben: «Das ist das Beste, was mir passieren kann.»

Und konsequenterweise spricht Jesus auch

– von einer neuen Machtverteilung: «Wer bei euch groß sein will, der soll euer Diener sein. Und wer bei euch der Erste sein will, soll der Sklave aller sein.» Markus 10,43 f. – in der Kirche unzählige Male gepredigt und doch relativ selten so praktiziert. Wer es sich antun möchte, sich über die Mächte und Machenschaften im Vatikan und in der «oberen Heeresleitung» der katholischen Kirche näher zu informieren, dem empfehle ich die neueren Bücher von Marco Politi (Franziskus unter Wölfen – Der Papst und seine Feinde) und Andreas Englisch (Der Kämpfer im Vatikan – Papst Franziskus und sein mutiger Weg). Interessant dagegen ist, dass gerade die Seminare für Führungskräfte immer wieder diese Spur der neuen Machtverteilung verfolgen, wenn auch mit anderen Formulierungen.

Passend dazu auch das Wort Jesu

– von der Genügsamkeit: «Eher geht ein Kamel durch ein Nadelöhr, als dass ein Reicher in das Reich Gottes gelangt.» Lukas 18,25 – oder: «Ihr sollt euch nicht Schätze sammeln auf Erden, wo sie die Motten und der Rost fressen und wo die Diebe einbrechen und stehlen.» Matthäus 6,19 – was meiner Überzeugung nach keine Verurteilung von Reichen an sich darstellt, sondern allenfalls von ihrem Umgang mit ihrem Vermögen. Wer seinen Reichtum nicht auch nutzt, die Welt zu verbessern und das Leid zu lindern, der oder die wird nach Jesu Ansicht nicht teilhaben am «Reich Gottes».

Und damit meint Jesus ein «Leben in Fülle» (Johannes 10,10) und spricht so

– von der (Selbst-)Zufriedenheit: «Friede hinterlasse ich euch, meinen Frieden gebe ich euch.» Johannes 14,27 – womit Jesus keine billige Selbstzufriedenheit meint, sondern ein erfülltes Zufriedensein mit mir und meinem Leben. Und das vermögen bekanntlich nicht nur diejenigen, die mit den «3 G» (Gesundheit, Glück und Geld) ausgestattet sind, sondern nicht selten auch arme, kranke, sterbende Menschen. Die Zufriedenheit, die Jesus proklamiert, hat viel zu tun mit dem Finden vom Sinn des eigenen Lebens und dem Erfülltsein von glückenden Beziehungen.

Dieser Mensch namens Jesus hat gewissermaßen eine Revolution ausgelöst – zumindest für diejenigen, die ihm nachfolgen, und damit auch für die über sie Herrschenden. Denn wenn man diesem von Jesus vorgezeichneten Weg folgt, den er nicht nur beschrieben hat, sondern selbst gegangen ist, dann wird man möglicherweise zu einem unerschrocken, querdenkenden und vielleicht auch dem gesellschaftlichen Mainstreams entgegenhandelnden Menschen – selbst innerhalb der Kirche. Das hat diesen Jesus und seine Botschaft damals so unbequem, so gefährlich gemacht – und sie ist es bis heute eigentlich geblieben, wenn auch auf ganz andere «Da-Seins-Weise».

Der «auferweckte» Christus

Ich will hier keine statistischen Angaben bemühen, die belegen, wie wenige Menschen (auch katholische Christinnen und Christen!) heute tatsächlich noch an die Auferstehung von den Toten und an ein Leben nach dem Tod glauben. Es ist eine schwindende Minderheit.

In den christlichen Kirchen wird aber jedes Jahr an Ostern und darüber hinaus lauthals und freudig gesungen: «Christus ist erstanden von den Todesbanden ... Halleluja, Halleluja ...». Und es gehört zum Stammrepertoire der christlichen Gebete: «... der von den Toten auferstanden ist». Niemand kann sich das richtig vorstellen, aber viele sind brüskiert, wenn man sie fragt: «Glaubst du das wirklich?» Auch wenn ich mir bewusst bin, dass ich das bibeltheologisch nicht nachweisen kann, provoziere ich in Gesprächen hin und wieder mit der Aussage: «Ich glaube nicht an eine Auferstehung, aber an eine Auferweckung Jesu»! Dadurch ernte ich zumeist erst einmal großes Staunen, meistens auch Interesse, Näheres dazu zu erfahren.

Ich gebe ja zu, ganz einfach ist es nicht, die Unterscheidung zu verstehen. Aber diese haarspalterische Operation ist manchmal hilfreich, um einen Glauben an die Auferstehung wieder begreiflich zu machen. Auch hier verdanke ich es wieder Edward Schillebeeckx und seinem Buch «Christus und die Christen», dass ich den Glauben an den auferstandenen *Christus* für mich neu entdeckt und nicht gänzlich verloren habe.

Eigentlich legt es uns die Heilige Schrift in den Erzählungen von den Erscheinungen des Auferstandenen schon nahe: Weder Maria Magdalena noch die beiden Jünger, die nach Emmaus unterwegs waren, noch die Jünger am See erkannten Jesus als Auferstandenen. Maria Magdalena meinte, es sei der Gärtner (Johannes

20,15). Die beiden Emmausjünger hielten ihn für einen Touristen, der von nichts eine Ahnung hat, was gerade in Jerusalem passiert ist (Lukas 24,18). Und die zu ihrem Beruf als Fischer zurückgekehrten Apostel wussten auch nicht, was sie mit diesem unbekannten Typen am Seeufer von Tiberias anfangen sollten (Johannes 21,4), der dann auch – nach einer total erfolglos durchgearbeiteten Nacht – sagt: «Dann werft doch das Netz auf der rechten Seite aus und ihr werdet etwas fangen.» Dieser auf*erstandene* Jesus, wie er in unzähligen Bildern dargestellt wird, war für die Seinen nicht auf Anhieb wiedererkennbar. Erst musste er sie ansprechen (zu Maria Magdalena: «Maria!»), etwas tun (in Emmaus das Brot segnen und brechen) oder in Erinnerung rufen (Fisch und Brot grillen am See von Tiberias, wie damals bei der wundersamen Speisung am gleichen See, bei der 12 Körbe übrig blieben – Johannes 6,1–13). Erst nach diesem Sich-zu-erkennen-Geben kommt das Bekenntnis («Rabbuni – Meister!»), die Begeisterung («Brannte uns nicht das Herz in der Brust?»), der Glaube («Keiner von den Jüngern wagte ihn zu fragen: Wer bist du? Denn sie wussten, dass es der Herr war.»).

Unabhängig von diesen Erscheinungserzählungen, die ja wiederum nur metaphorisch, also als Bilder für ein unbeschreibliches Ereignis, ausgelegt werden können, deuten auch die Botschafter (Engel) am Grab in allen vier Evangelien übereinstimmend darauf hin, dass der Ort der Kreuzigung nicht der Ort der Auferstehung ist: «Er geht euch voraus nach Galiläa. Dort werdet ihr ihn sehen.» Galiläa also – die Gegend, in der Jesus als Mensch gepredigt, gehandelt, Zeichen gesetzt hat! Erinnert euch – verinnerlicht doch endlich, was er zu euch gesagt hat! Das ist die Botschaft dieser Menschen (Engel) am Grab.

Ist es demnach theologisch falsch zu behaupten, dass dieser Mensch namens Jesus, der gekreuzigt und begraben wurde, von «GOTT» selbst auf*erweckt* wurde, aber eben nicht in dem Sinn, wie wir uns die Auferweckung respektive Reanimation von Toten vorstellen? Gott selbst hat agiert, indem er durch Menschen (Engel), die schon begriffen hatten, dass dieser Jesus «wahrlich

Gottes Sohn» war, andere darauf stieß, dies endlich zu begreifen. Bereits beim Kreuzigungsgeschehen wird von dem Hauptmann und den Wächtern behauptet, sie hätten schon dort erkannt: «Wahrhaftig, das war Gottes Sohn!» – womit natürlich noch nicht ausgesagt ist, dass dieser auch von den Toten auferweckt wird.

Für die Jüngerinnen und Jünger Jesu waren erst die «Erscheinungen» des Auferweckten nötig, damit er *in ihnen auferstehen* konnte. Und erschienen ist er ihnen in ihren Erinnerungen, indem sie letztgültig begriffen: Dieser Jesus von Nazaret, den wir als den Messias glaubten, *ist* der Messias, der Gesalbte und Geliebte Gottes. Und dieser Gott will, dass die «Sache Jesu» weitergeht, dass auch wir zuinnerst ergriffen werden von dieser Botschaft vom Reich Gottes, vom Leben in Fülle (Johannes 10,10), von einer neuen Gemeinschaft usw. Dieser Christus lebt *durch uns und mit uns und in uns*! Erst, wenn wir ihn auch durch uns und in uns auferstehen lassen, wird sein Mit-uns-Sein auch für andere erlebbar und erfahrbar. Dann erst können wir eigentlich richtig und inbrünstig singen: «Halleluja, Jesus lebt!» – aber eben nicht nur als eine Erinnerung an ein unfassbares Ereignis vor fast 2000 Jahren, sondern als ein Bekenntnis *heutiger* Glaubenserfahrung!

In der Osternacht 2014 hat Papst Franziskus genau dies zum Ausdruck gebracht:

«Nach Galiläa zurückkehren bedeutet vor allem, dorthin, zu jenem glühenden Augenblick zurückzukehren, in dem die Gnade Gottes mich berührt hat: … die Erfahrung der persönlichen Begegnung mit Jesus Christus, der mich gerufen hat, ihm zu folgen und an seiner Sendung teilzuhaben. In diesem Sinn bedeutet nach Galiläa zurückkehren die lebendige Erinnerung an diese Berufung im Herzen zu bewahren, als Jesus meinen Weg gekreuzt hat, mich barmherzig angeschaut und mich aufgefordert hat, ihm zu folgen … Das Evangelium ist klar: Man muss dorthin zurückkehren, um den auferstandenen Jesus zu sehen und Zeuge seiner Auferstehung zu werden. Es ist kein Rückwärtsgehen, es ist keine Nostalgie. Es ist ein Zurückkehren zur ersten Liebe, um das Feuer zu empfangen, das Jesus in der Welt entzündet hat, und es allen zu bringen, bis an die Enden der Erde. Nach Galiläa zurückkehren ohne Angst.»

Gegen alle Zweifel, die nun gleich angebracht werden könnten: Ja, es gibt sie auch heute noch, diese Menschen, die sich voll und ganz auf Jesus einlassen, in denen der «auferstandene Christus» zum Durchschein kommt, lebendig wird! Für mich ist der ehemalige Franziskanermönch Beno Kehl in Zürich so einer. Auch nach seinem Austritt aus dem Orden – weil er gemerkt hat, dass die Liebe zu einer Frau für ihn auch etwas «Göttliches» in sich hat – engagiert er sich unter dem Label *kahnu* (*k*ostenlos, *a*ber *h*offentlich *n*icht *u*msonst) für die Obdachlosen, Drogensüchtigen, An-den-Rand-Gedrängten, Hoffnungslosen hier in Zürich. Und wie ihn gibt es viele, sehr viele Christinnen und Christen, die alles ihnen Mögliche geben, um diese Vision und diese Revolution Jesu fortzuführen. Zeugnis dafür ist unter anderem die von der Comunità Sant'Egidio in Rom umfunktionierte Kirche San Bartolomeo auf der Tiberinsel, die heute «den neuen Märtyrern und Märtyrerinnen des 20. Jahrhunderts» gewidmet ist. Es könnten meterweise Bücher, Zeitschriften und Zeitungen gefüllt werden mit Berichten von und über Menschen, die den gekreuzigten Jesus heute auferstehen lassen – innerhalb *und* außerhalb der christlichen Kirchen!

Aber wen interessiert es schon? Für die Medien sind solche Menschen nur interessant, wenn sie mit der (katholischerseits) hierarchischen Kirche, also mit Rom oder mit dem jeweiligen Bischof, in Konflikt geraten oder von dieser exkommuniziert werden. Und «normale» Christinnen und Christen scheuen eher die Auseinandersetzung mit solchen modernen Heiligen, weil sie lieber als «Teilzeit-Christen» leben, wie sie Gisela Baltes in ihrer Litanei (www.impulstexte.de) beschreibt:

«Ich will DIR nachfolgen – aber nicht überall hin.
Ich will mich an DICH binden – aber nicht zu fest.
Ich will mich zu DIR bekennen – aber nicht zu laut.

Ich will meine Sicherheiten aufgeben – aber nicht alle.
Ich will auf meinen Besitz verzichten – aber nicht ganz.
Ich will mein Kreuz tragen – aber nicht dauernd.
Ich will meinen Nächsten lieben – aber nicht jeden.
Ich will mein Leben ändern – aber nicht völlig.»

Vielleicht klingt es jetzt wie eine Selbstrechtfertigung, wenn ich hinzufüge: Es muss ja auch nicht immer so radikal sein wie bei Franz von Assisi, Mutter Teresa und dergleichen. Es gibt ja auch unzählige Menschen, die – ohne auf allen Besitz und alle Sicherheiten zu verzichten – alles geben. Ich bewundere genauso eine fast gleichaltrige Freundin, die ihre demenzkranke Mutter rund um die Uhr pflegt, den freiwillig Engagierten, der in der wenigen Freizeit, die ihm als Banker bleibt, ein Partnerschaftsprojekt in Lateinamerika managt, und und und ...

Nicht die Quantität des Einsatzes und Engagements, sondern die Qualität dessen macht es aus. Diese Erkenntnis hat meines Erachtens auch Hape Kerkeling nach seinem «Ich-bin-dann-mal-weg»-Trip nach Santiago di Compostela gut ins Wort gebracht. In seinem gleichnamigen Buch gibt es eine Passage, die mir diesbezüglich sehr gefällt, auch wenn ich sie hier abgewandelt habe:

Viele meiner Freunde haben sich schon lange von der katholischen Kirche abgewendet. Sie wirkt auf sie unglaubwürdig, veraltet, vergilbt, festgefahren, unbeweglich, geradezu unmenschlich und unbarmherzig. Damit ist für viele aber leider auch Gott keine Frage mehr. Sie haben sich nicht bewusst von ihm abgewendet und sind überzeugte Atheisten – nein, sie suchen ihn einfach nicht mehr. Gott ist ihnen egal. Wenn sein Bodenpersonal so drauf ist, denken sie sich, wie muss Gott selbst dann erst sein ... wenn es ihn überhaupt gibt! Ich sehe das anders.

Egal ob Gott eine Person, eine Wesenheit, ein Prinzip, eine Idee, ein Licht, ein Plan oder was auch immer ist, ich glaube, es gibt ihn! Gott ist für mich so eine Art hervorragender Film wie «Ghandi», mehrfach preisgekrönt und großartig! Die Amtskirche ist lediglich das Kino, in dem das Meisterwerk gezeigt wird. Und leider sind viele dieser Kinos nicht von allerbester Qualität. Da gibt es etliche, in denen die Leinwand schief hängt, verknittert oder vergilbt ist und vielleicht sogar schon Löcher hat. Die Lautsprecher sind oftmals auch nicht mehr in einem Topzustand oder fallen manchmal ganz aus. Und dann kommen da auch manchmal Durchsagen, die mit dem Film gar nichts zu tun haben – sie nehmen einem jede Lust und Freude an Pathos, Leidenschaft und Begeisterung. Wenn man dann noch auf unbequemen, quietschenden Holzsitzen, die nicht mal richtig sauber gemacht wurden, sich nicht enden wollende Predigten oder Hirtenworte anhören muss, dann denkt man sich doch, wäre ich lieber in den Wald gegangen.

Unter solchen Gegebenheiten verliert auch ein Kassenknüller wie «Ghandi» seinen Reiz, seine Strahlkraft, seine Faszination. Viele werden dann vielleicht rausgehen und sagen: «Ein schlechter Film». Aber wer genau hinsieht, kann erahnen, dass nicht der Film an sich schlecht ist. Er bleibt ein einzigartiges Meisterwerk, der darin Gezeigte (Ghandi) ein herausragendes Idol. Leinwand und Lautsprecher geben nur das wieder, wozu sie in der Lage sind. Aber vielleicht wäre es «menschlicher» darauf hinzuweisen, dass der Film und der Mensch Ghandi viel besser, packender, revolutionärer ist als man es in einem noch so guten Kino zeigen kann.

Gott ist der Film und die Kirchen sind die Kinos, in denen der Film läuft. Ich hoffe nur, dass sich recht viele mindestens einmal in ihrem Leben den Film irgendwo in bester 3-D- und Stereo-Qualität unverfälscht und in voller Länge anschauen können! Und vielleicht bekommen sie – bekommen wir selbst – dann ja (wieder) Lust, nicht nur zuzuschauen, sondern selbst mitzuspielen!

Nach meiner Erfahrung gibt es sehr viele Menschen, die bereit wären, solche Kinos in bester 3-D- und Stereo-Qualität mit aufzubauen. Ein Beispiel aus der Gegenwart ist die enorm hohe Bereitschaft, den Flüchtlingen, die hier «gestrandet» sind, zu helfen. Bei vielen Organisationen (auch Pfarreien) melden sich manchmal so viele hilfsbereite Menschen aus allen Bevölkerungsschichten, Konfessionen und Kulturen, dass es eines enormen Kraftaufwandes bedarf, diese Hilfsbereitschaft zu kanalisieren und zu koordinieren.

Es ist einfach falsch, wenn immer wieder behauptet wird, der heutige Mensch sei nicht mehr bereit zu freiwilligem Engagement! Natürlich sind es nicht hundert Prozent – die waren es früher auch nicht! Aber die circa dreißig Prozent, die sich im öffentlichen Raum für andere einsetzen – und da sind die im privaten, familiären Umfeld nicht eingerechnet – wollen als Partnerinnen und Partner ernst genommen werden, als Freunde und nicht als Knechte ... Viele lassen Jesus auch außerhalb der etablierten Kirchen auferstehen durch ihr lebensbejahendes, ermutigendes, tröstendes, aufbauendes Engagement. Unser Problem als Kirche ist viel zu oft, dass wir das gar nicht erkennen und nur darüber klagen, dass die Leute unsere alten, verstaubten, eingefahrenen oder ausgelatschten Projekte nicht mehr mittragen wollen. Der Heilige Geist treibt Menschen auch heute zu ungeahnten Kräften und Einsätzen – warum nutzen wir dies nicht?

Der alle(s) verbindende Geist

Wenn man als *christlicher* Theologe über «GOTT» spricht bzw. schreibt, kann man natürlich die dritte «Person» nicht außen vor lassen. Aber dieser «Heilige Geist» ist halt mindestens ebenso so schwer fassbar wie der «Vater» – wenn nicht noch schwerer! Wie also beschreibe ich etwas «Unfassbares» und «Unbegreifliches»? In meinen Kursen wähle ich oft einen etwas einfacheren Zugang, mitten aus dem Leben:

Als unser Jonas zwölf Jahre alt war, nahm er an dem Bundeslager «Jurtown» der christlichen Pfadfinderschaft in Rehau bei Hof teil. Natürlich machten wir uns als Eltern Sorgen, ob ihn – so weit weg von der badischen Heimat – nicht zu sehr das Heimweh plagt, nichts passiert usw. Nach einigen Tagen telefonierten wir dann mal mit einer Gruppenleiterin, die wir auch persönlich gut kennen, um uns zu erkundigen, wie es Jonas so gehe. Und sie erzählte uns, dass er sich ihrem Eindruck nach pudelwohl fühle – außer beim Essen. Da sitze er immer abseits und würde oft auch weinen. Als er nach zwei Wochen zurückkam und mit dem Erzählen kaum enden konnte, fragten wir ihn dann auch mal, weshalb er beim Essen denn oft geweint hätte. Und er erklärte uns, dass es bei so einem Lager mit mehr als 4000 Teilnehmenden keine Tische gäbe, an denen man gemeinsam sitzt. Und diese Gemeinschaft, dieses An-einem-Tisch-Sitzen, hätte bei ihm dann das Heimweh besonders hervorgerufen.

Solche «Tischzeiten» waren bzw. sind immer noch, wenn auch recht selten, etwas Prägnantes in unserer Familie. In und bei diesen Tischzeiten kommt der «Geist unserer Familie» zum Vorschein: Dieser wird schon dadurch «sichtbar, wie wir den Tisch decken, was wir gekocht haben, was und wie wir miteinander sprechen, das Essen beginnen und beenden, uns an die Regeln halten, kein Fernseher, kein Handy nebenbei usw. Dieser Geist, dieses Gemeinschaftsgefühl, dieses Stück Heimat hat Jonas in diesem Lager gefehlt – schmerzlich gefehlt, wenn auch nur phasenweise. Es muss einem also offenbar erst etwas fehlen, ehe man den Wert eines «guten Geistes» erkennt. Das war dann auch für uns als Eltern eine sehr berührende Erfahrung.

Nun will ich damit nicht aussagen, dass bei all unseren Tischzeiten der «Heilige Geist» ständig präsent war oder wie verrückt geweht hat. Das würde schon die Erfahrung widerlegen, dass es an diesem Tisch auch mehr als einmal ordentlich «gescheppert» hat ... Es geht mir viel mehr darum zu sagen: Diesen Heiligen Geist kann ich nicht gelehrt bekommen, den muss ich erfahren, erleben. Und er ist erlebbar!

Auch hier könnte ich wieder viele Begebenheiten erzählen, wo und wie ich in meinem Leben diesen «Geist Gottes» erfahren habe. Eine davon ist besonders: Ich erlebte gerade in meinem Dienst als Referent für Pastoralentwicklung im Erzbistum Freiburg mit Sitz im Erzbischöflichen Ordinariat eine recht schlimme Zeit. Ich fühlte mich mehr und mehr alles andere als «geistvoll» oder «geistlich» behandelt – nicht weil ich schlechte oder falsche Arbeit verrichtete, sondern vielmehr dadurch, dass mein Engagement und mein Herzblut, das ich in die Arbeit steckte, nicht so anerkannt wurde, wie ich es mir gewünscht habe. Als wieder einmal in der Ordinariatssitzung nicht mit mir, sondern über mich gesprochen wurde – und das nicht grad wohlwollend – und ich das auch noch brühwarm erzählt bekam, war ich ziemlich down und dachte daran, diese Aufgabe hinzuwerfen. Als ich dann bei einer etwas längeren Dienstreise mit dem Auto unterwegs war, legte ich das Oratorium «Elias» von Felix Mendelsohn-Bartholdy in den CD-Player. Und da kam dann auch die Stelle, in der gesungen wird:

«Hebe deine Augen auf zu den Bergen,
von welchen dir Hilfe kommt.
Deine Hilfe kommt vom Herrn,
der Himmel und Erde gemacht hat.

Er wird deinen Fuß nicht gleiten lassen,
der dich behütet, schläft nicht.»

Wenn es für mich überhaupt eine «unmittelbare» Geisterfahrung gegeben hat, dann in diesem Moment, als dann der Chor noch bekräftigte: «Siehe, der Hüter Israels schläft noch schlummert nicht.» Denn da wurde mir klar: Nein, ich lasse mich nicht unterkriegen, mein «Auftraggeber» sitzt weit über diesen selbstgefälligen Hierarchen und Systembewahrern. Und warum soll es mir anders ergehen als Elias, der sich auch verstecken musste, sehr schwierige Zeiten durchlitten hat und trotzdem nicht aufgab? Diese Musik, diese Zeit im Auto, diese Worte gaben mir wieder Mut, nicht aufzugeben!

Nun gab und gibt es für mich aber auch etliche «mittelbare» Geisterfahrungen: Wie schon betont, wäre ich wohl nicht mehr in dieser katholischen Kirche tätig, wenn es nicht immer wieder Menschen gegeben hätte, die mich begeistert haben. Und ich würde mich heute vermutlich nicht ebenso leidenschaftlich wie früher für diese meine katholische Kirche einsetzen, wenn es für mich nicht einen Priester und Pfarrer namens Herbert Dewald (mein erster und prägnantester Ausbilder in der Pastoral) gegeben hätte, keine Schwester Maria Fidelis OSB (Benediktinerin im Kloster Nonnberg in Salzburg), keinen Josef Annen (Generalvikar in Zürich) und nicht einige mehr. All deren besonderes Kennzeichen war und ist es, dass sie mir Freiraum gegeben haben, mich weiterzuentwickeln. Von Schwester Fidelis, die ich ganz am Anfang meiner «kirchlichen Karriere» (1983) kennenlernte, hörte oder las ich in keinem ihrer Briefe an mich einen Satz wie «Du musst ...», «Du darfst nicht ...» oder «Das geht doch nicht!». Sie hat ihren «Donnersohn», wie sie mich in Anlehnung an Markus 3,17 immer liebevoll bezeichnete, durch all die Jahre hindurch begleitet, gelassen, hier und da Tipps gegeben und in Briefen und bei Begegnungen immer achtsam gedeutet, wo und wie der Heilige Geist am Werk sein könnte – bis hin zu der Entscheidung, nicht Priester zu werden. Und als ich zuletzt im Herbst 2012 bei ihr und mit ihr zusammen über Tage hinweg überlegte, wie es nun – in Anbetracht der schwierigen Situation in Rom und im Bistum Chur – mit mir weitergehen solle, hat sie mich aufgebaut und ermutigt, nicht aufzugeben, sondern vielmehr dieses Buch zu schreiben, mir von der Seele zu schreiben, was mich bewegt. Von ihr und vielen anderen bin ich be*geist*ert ... worden.

Den Heiligen Geist erfahren hat nach meiner Überzeugung mit Beziehung, mit Dialog, mit Offenheit und Freiheit zu tun. In meinem Kurs meditiere ich mit den Teilnehmenden auch immer wieder, wenn wir über *diese* Seite des dreieinen bzw. dreifaltigen Gottes sprechen, folgendes Gebet von Andreas Lerch:

«Im Außergewöhnlichen sehen wir dich, kraftvoller, mächtiger Heiliger Geist,
in Sturm und Feuer, in Verwandlung und Aufbruch,
im Leben außergewöhnlicher Menschen.
Hilf uns, dich im Verborgenen zu finden, stiller, beständiger Heiliger Geist.
Hilf uns, deine leisen Gaben zu entdecken in unseren Mitmenschen und in uns selbst:
    die Gabe, Frieden zu stiften,
    die Fähigkeit, andere zu begeistern,
    die Kunst, die Wahrheit auszusprechen,
    das Talent, gut zuhören zu können,
    die Kunst, Kompliziertes einfach zu sagen,
    die Gabe, ein ruhender Pol zu sein,
    die Fähigkeit, sich einzufühlen,
    die Gabe der bergenden Mütterlichkeit und Väterlichkeit,
    die Gabe des kindlichen Staunens,
    die Gabe des Humors.
Du bist die Quelle des Lebens für jeden von uns.
Entfalte dein Wirken in uns, das mächtige und das leise,
damit wir uns selbst entdecken.
Amen.»

Schon einige Male ergab das anschließende Gespräch darüber, dass dieser «Heilige Geist», wie ich ihn (mir) vorstelle, ja auch außerhalb der Kirchen «weht», wirkt – dort, wo Menschen offen füreinander sind, in und durch «Menschen guten Willens», wie es im lateinischen Gloria der Kirche (*hominibus bonae voluntatis*) gesungen wird, denen auf Erden der Friede gehört.

Dieser Geist Gottes teilt sich uns nicht nur, aber vorrangig mit durch geistvolle, begeisterte und begeisternde, durch leidenschaftliche Menschen. Aber auch sie brauchen Mitmenschen, die sich anstecken lassen, die eine Vision mittragen und nachhaltig umsetzen. Nach meinem Empfinden ist Papst Franziskus so ein Mensch, der begeistert begeistern kann – wie auch beispielsweise ein Martin Luther King (*I have a dream*), ein Mahatma Gandhi (*Sei Du selbst die Veränderung, die Du Dir wünschst für diese Welt*) oder ein Barak Obama (*Yes, we can!*). Aber sie können ebenso wenig etwas verändern, wenn sich nicht Menschen finden, die diese Träume und Sehnsüchte mitträumen und Wirklichkeit werden lassen. Seit dem Erscheinen von Franziskus' Regierungserklärung («Evangelii gaudium») im November 2013 habe ich immer wieder Vorträge gehalten mit dem provozierenden Titel: «Der Franziskus-Virus – und seine erfolgreichen Antivirenprogramme». Dabei habe ich deutlich gemacht, dass diese nicht nur im Vatikan installiert sind, sondern vielfach auch bei und von uns selbst. Viele wollen, dass sich etwas zum Guten hin ändert – aber nach Möglichkeit, ohne selbst davon betroffen zu sein.

Diesen Heiligen Geist kann ich nur erfahren und erleben, wenn ich offen bin für ihn und sein Wirken, für Gespräche, aber auch für die Stille – also im heutigen Jargon: wenn ich den Mut habe zu einer «Aus-Zeit». Aber genau dies ist heute zunehmend ein Problem, das ich in Zusammenhang mit Entwicklungen in der Kommunikationslandschaft schon erläutert habe. Mit diesem Geist Gottes verhält es sich nicht anders als mit Freundschaften: Natürlich wollen sie alle – nicht im Sinne von Facebook, sondern tiefgehende, verlässliche, krisenbewährte Beziehungen. Aber diese zu pflegen kostet auch Zeit, Energie und Leidenschaft – und davon geht in diesem Zeitalter immer mehr verloren, weil sie zum großen Teil «im Netz verpuffen».

Der «Heilige Geist» kommuniziert mit uns. Er stupft uns an durch Menschen, durch Musik, Filme, Bücher usw. – manchmal sogar via Predigten. Um ihn aber herauszuhören und zu spüren, braucht es die «Offline-Zeiten». Und meines Erachtens ist das für Kirchen eine der größten Herausforderungen der Zukunft: nicht einfach nur mitmischen in der Kommunikations-Eskalation, sondern viel mehr Räume anbieten, in der die Stille, das Zu-sich-selbst-Kommen, das Abschalten eingeübt und verwirklicht werden kann. Es gibt ja schon etliche Klöster und Pfarreien, die gerade durch solche Angebote zu neuer Attraktivität gefunden haben.

Ich habe dieses Kapitel überschrieben mit «Der alle(s) verbindende Geist». Das ist ein hoher Anspruch. Denn auch hier ist meine Überzeugung: Dieser «Heilige Geist» kann auch nur die miteinander verbinden und *eins werden* lassen, die sich auf ihn einlassen, sich ihm öffnen, von ihm leiten lassen! Und das können dann Menschen ganz verschiedener Nationen, Hautfarben, Konfessionen, sogar Religionen sein, die sich in *diesem* Geist geeint wissen. Im Januar 2016 hat Papst Franziskus erstmalig seine Gebetsmeinungen via Youtube in die Welt gesandt. Sein Anliegen war es, dass der Dialog der Religionen zu Frieden und Gerechtigkeit führe und die Christen mit der Gnade des Heiligen Geistes ihre Trennung überwinden mögen. Ein kurzer Film von einein- halb Minuten, der berührt und begeistert.

Damit hat er sich meines Erachtens erneut zu einem Werk- zeug des Heiligen Geistes gemacht. Er hat damit aber auch ange- knüpft an die ursprüngliche Intention der Comunità Sant'Egidio in Rom für das erste Friedensgebet aller Religionen im Oktober 1986, das dem polnischen Papst Wojtyla als Ideengeber zuge- schrieben worden ist. Leider wurden diesem «weitenden Geist» in den Folgejahren immer mehr die Flügel gestutzt, sodass es im Oktober 2011, als der deutsche Papst Ratzinger erneut dazu einlud, zu massiven Widerständen kam: Das Sperrfeuer aus den Reihen der Piusbruderschaft und anderer erzkonservativer christlicher Gruppen, bis hinein in den Vatikan, gegen das «interreligiöse Assisi-Gräuel» spricht für sich.

Aber genau dieses Verhalten wirft für mich auch eine Frage auf, auf die ich vermutlich keine letztgültige Antwort habe.

Wes «Geistes Kinder»?

Als ich bei Bernd-Jochen Hilberath am 10. Juni 1999 in Dogmatik meine Promotionsprüfung ablegen musste, quälte er mich bis zum Schweißausbruch mit einer Frage: «Wer hatte – nach Aussagen der Konzilsväter selbst – die Führung beim Zweiten Vatikanischen Konzil inne?» Da ich meine Dissertation über das Thema «Systemische Organisationsentwicklung im Raum der katholischen Kirche» geschrieben hatte, dachte ich natürlich, dass diese Frage darauf zielt, die Leitungsstruktur dieses Konzils zu beschreiben. Mit allen Antworten und Erklärungen war Jochen aber nicht zufrieden. Irgendwann brach es dann aus ihm heraus und die von ihm erwartete Antwort war so verblüffend einfach, dass ich wohl nie darauf gekommen wäre: der Heilige Geist! Da heißt es beispielsweise in dem wichtigen und grundlegenden Konzilsdokument «Lumen Gentium» in Nr. 12:

> «Derselbe Heilige Geist heiligt außerdem nicht nur das Gottesvolk durch die Sakramente und die Dienstleistungen, *er führt es* nicht nur und bereichert es mit Tugenden, sondern ‹teilt den Einzelnen, wie er will› (1 Kor 12,11), seine Gaben aus und verteilt unter den Gläubigen jeglichen Standes auch besondere Gnaden. Durch diese macht er sie geeignet und bereit, für die Erneuerung und den vollen Aufbau der Kirche verschiedene Werke und Dienste zu übernehmen gemäß dem Wort: ‹Jedem wird der Erweis des Geistes zum Nutzen gegeben› (1 Kor 12,7)» (Hervorhebung von mir).

Viele meiner «Artgenossen und -genossinnen» stimmen natürlich voll Überzeugung und Inbrunst zu, dass dieses Zweite Vatikanische Konzil – ganz im Gegensatz zum Ersten Vatikanischen Konzil (1869/70), bei dem der Jurisdiktionsprimat (die volle, höchste und universale Gewalt des Papstes) und die Unfehlbarkeit des Papstes dogmatisiert wurden – ein Werk des Heiligen Geistes war. Damit beanspruchen sie – wir – aber auch, den «wahren Heiligen Geist» zu kennen und unterscheiden zu können, wes Geistes Kinder sie, wir und andere sind.

Es hat ja nicht sehr lange gedauert, bis sich genau diese Kirche des II. Vatikanums spaltete: Katholische Traditionalisten lehnten wesentliche Reformen wie die Theologie und die praktischen Folgen von «Nostra aetate» (die Erklärung über das Verhältnis der Kirche zu den nichtchristlichen Religionen), die Erklärungen zur Ökumene und die Liturgiereformen glattweg ab. 1969 gründete deshalb Erzbischof Marcel Lefebvre die Priesterbruderschaft St. Pius X. und wurde 1976 wegen Priesterweihen ohne Weiheentlassschreiben von Papst Paul VI. suspendiert. 1988 zog er sich unter Papst Johannes Paul II. wegen unerlaubter Bischofsweihen sogar die Tatstrafe der Exkommunikation zu. 2009 beging dann der deutsche Papst, den die meisten für einen besonders klugen Kopf hielten, einen gravierenden Fehler: Er hob die Exkommunikation der vier geweihten Bischöfe auf, ohne sich im Vorfeld genügend informiert zu haben, wen er da wieder ins Boot der katholischen Kirche zurückholt. Unter den rehabilitierten Bischöfen, die Lefebvre 1988 ohne Erlaubnis des Papstes geweiht hatte, befand sich nämlich auch der Holocaustleugner Richard Williamson aus Großbritannien. Und das hat – mit Recht – einen Vulkan der Empörung weltweit ausbrechen lassen.

Nun könnte man ja denken, diese Piusbruderschaft mit ihrem Hass auf Juden, Muslime, Homosexuelle und alle irgendwie Abtrünnigen sei ja eine verschwindende Minderheit. In Deutschland zählen sich etwa 500 Priester und mehr als 10 000 Anhänger und Anhängerinnen zu diesem äußerst rechten Flügel des Katholizismus. Weltweit geht die Zahl in die Hunderttausende, sodass dies etwa 0,02 Prozent der Katholiken ausmacht. Es wäre zu einfach, diese «Fraktion» als eine unbedeutende Sekte zu sehen: Ihr Einfluss ist nicht zu unterschätzen!

Seit 1988, also in dem Jahr, in dem Marcel Lefebvre sich selbst exkommuniziert hatte, wurde die Priesterbruderschaft St. Petrus als eine Gesellschaft apostolischen Lebens päpstlichen Rechtes ins Leben gerufen. Das ist der «kirchlich anerkannte Ableger» der Piusbruderschaft. Derzeit gehören ihr weltweit etwa 220 Priester und Diakone an. In den beiden Seminaren in Wigratzbad (D) und Denton (USA) bereiten sich derzeit rund 130 junge Männer auf das Priestertum vor. Auf der Homepage findet man folgende Selbstbeschreibung:

> «‹Die Priesterbruderschaft St. Petrus setzt sich zum Ziel die Heiligung der Priester durch Ausübung des pastoralen Dienstes, vornehmlich durch die Gleichförmigkeit ihres Lebens mit dem eucharistischen Opfer und durch die Beobachtung der liturgischen und disziplinären Traditionen, die der Papst im Apostolischen Schreiben Ecclesia Dei vom 2. Juli 1988 anführt.› (*Aus dem Errichtungsdekret vom 18.10.1988*).
> Die Priesterbruderschaft St. Petrus will sich in besonderer Weise jener Gläubigen annehmen, die ihre geistliche Heimat in der überlieferten Liturgie (außerordentlicher römischer Ritus) gefunden haben, die darin den adäquaten Ausdruck ihres Glaubens sehen und eine Seelsorge erwarten, die sie den Geist dieses Glaubens atmen lässt. Die Feier der Liturgie der hl. Messe, des Stundengebetes und der Sakramentenspendung im außerordentlichen römischen Ritus ist für unsere Gemeinschaft ein wichtiges Mittel der Neuevangelisierung, zu der die Päpste in der letzten Zeit immer wieder aufgerufen haben.»

Papst Benedikt XVI. hatte zu dieser katholisch-traditionalistischen Fraktion eine ebenso nahe Beziehung wie die Churer Bischöfe Wolfgang Haas (1990–1997) und Vitus Huonder (seit 2007). Deshalb ist das Bistum Chur neben einigen anderen auch so etwas wie ein Schmelztiegel für den «Krieg» von zwei konträren Flügeln in der katholischen Kirche. Aber welcher «Geist» ist nun der richtige?

Für mich stellt sich die Frage noch in einem größeren Zusammenhang: Die katholische Kirche behauptet von sich, dass eine

Wahl stets vom Heiligen Geist inspiriert sei. Das beginnt schon bei der Wahl des Apostels Matthias (vgl. Apostelgeschichte 1,15–26). Wenn man jedoch die Papstgeschichte ein klein wenig kennt, dann ist mehr als fraglich, ob und wie oft der Heilige Geist tatsächlich «zum Zug kam» und nicht doch Familieninteressen, Machtpolitik oder Finanzen den Ausschlag gaben wie beispielsweise bei dem berühmt-berüchtigten Borgiapapst Alexander VI. In Bezug auf die von mir erlebte Zeit frage ich mich schon: Waren es tatsächlich nur die Wahlen von Johannes XXIII. und Franziskus, bei denen der Heilige Geist die Führung übernehmen durfte? Und wenn dies seine «Linie» ist, weshalb dann der Pole Karol Wojtyla und der Deutsche Josef Ratzinger? Ich entdecke da einfach keine Logik: Warum mussten wir nun mit der weiteren Umsetzung des II. Vatikanums diese Durststrecke – mindestens seit 1978 – erleben, bevor nun wieder ein Papst an die Macht kommt, der sich glasklar zu diesem Kurs bekennt?

Auf meiner Suche nach einer Antwort bin ich auf die folgende Aussage des spanischen Kirchenhistorikers und Bloggers Francisco de la Cigoña gestoßen:

«Wir erheben keinen Anspruch zu wissen, was unergründlich ist. Der Heilige Geist wacht über der Kirche. Das muss uns genügen. Wie? Er weiß es. Wir nicht. Mit unserem armen Verstand ist ein Verstehen oft gar nicht möglich. Nicht jeder Papst ist heilig, intelligent und ein guter Papst. Es gilt, sich zuversichtlich in Gottes Hände zu legen in der Gewissheit, dass Gott wisse, was für uns gut ist. Die Menschen aber – und der Papst ist auch ein Mensch – können Fehlentscheidungen treffen. Das gilt immer, auch im Konklave. Der Heilige Geist greift ‹korrigierend› ein. Diese Verheißung und Sicherheit hat die Kirche. Wie und wann er das tut, bleibt aber unbekannt.»

Eine so recht befriedigende Antwort auf meine Frage ist das zwar nicht, weil ich immer noch nicht weiß, wer denn nun den «richtigen Heiligen Geist» auf seiner Seite hat. Es bleibt mir und wohl vielen anderen, die so denken und fühlen wie ich, demnach nur, darauf zu vertrauen, dass der Heilige Geist – zumindest der, den wir dafür halten – weiterhin die Führung in der katholischen Kirche in unserem Sinn übernimmt bzw. übernehmen darf. Ich meine damit aber nicht ein «blindes Vertrauen», sondern vielmehr eine «aktive Offenheit», die es lernt, die Geister zu unterscheiden. Dieses besondere Merkmal der ignatianischen Spiritualität, also des Jesuitenordens, dem auch Papst Franziskus angehört, hat er selbst in dem Interview mit Antonio Spadaro SJ so umschrieben:

> «Wenn man zu viel erklärt, besteht die Gefahr von Missverständnissen. Die Gesellschaft Jesu kann man nur in erzählerischer Form darstellen. Nur in der Erzählung kann man die Unterscheidung anstellen, nicht aber in der philosophischen oder theologischen Darlegung, wo man diskutieren kann. Der Stil der Gesellschaft Jesu ist nicht der Stil der Diskussion, sondern jener der Unterscheidung, die natürlich die Diskussion im Prozess voraussetzt. Das mystische Umfeld definiert nie seine Grenzen, schließt das Denken nicht ab. Der Jesuit muss immer ein Mensch von unabgeschlossenem, von offenem Denken sein ...»

Nicht nur der Jesuit – jeder Christ und jede Christin muss immer wieder neu unterscheiden lernen, wes «Geistes Kinder» er, sie ist.

Für mein Empfinden lässt sich dieser Heilige Geist, der so sehr auf Beziehung, auf Freundschaft, Liebe, Verbindlichkeit, Vertrauen, Verzeihen usw. setzt, leicht unterscheiden von einem anderen Geist, der einem in den letzten Jahren zunehmend gewaltig – wie ein eisiger Gegenwind – ins Gesicht bläst! Denn wir erleben ja in den letzten Jahrzehnten eine Revolution von einem Ausmaß, das vermutlich die der Französischen oder industriellen Revolution weit übertreffen wird: die Revolution der digitalen Welt und der Kommunikationsmittel! Und die «Kinder» dieser Revolution nennt man die «Generation Beziehungsunfähig».

Für mich war es wie ein Schock, als ich an einem Montagmorgen im April 2016 die Sendung «Leute» in SWR 1 mit dem Blogger und Buchautor Michael Nast mithörte. Er hatte am 15. April 2015 einen Beitrag in dem Blog «im gegenteil!» eingestellt, der binnen weniger Wochen mehr als eine Million Mal «geliket» wurde. Und sein Buch, das nach Rezensionen überhaupt nicht lesenswert ist, hat er schon über 500 000 Mal verkauft. Er hat also offenbar, gerade unter den jungen Generation, einen Nerv getroffen, wenn er schreibt:

«… keine Generation ist so zwanghaft in dem Bewusstsein aufgezogen worden, etwas Besonderes zu sein, wie die heutige. Darum war in keiner Generation der Wunsch so groß, sich selbst zu verwirklichen. Arbeit gilt als Ausdruck der eigenen Persönlichkeit, der eigenen Wünsche und Träume. Man trennt nicht mehr zwischen Arbeit und Leben. Wenn man seine Träume verwirklicht, empfindet man seine Arbeit nicht als Arbeit, sondern als Leidenschaft. Man unterscheidet nicht mehr zwischen Arbeit und Privatleben, sie sind miteinander verwoben. Die Grenze löst sich auf, auch durch unsere ständige Erreichbarkeit. Mit unseren Smartphones haben wir das Büro ja praktisch immer dabei. Der Mittelpunkt des Lebens sich hat auf den beruflichen Erfolg verlagert, ganz unbemerkt.

Das eigene ‹Ich› ist unser großes Projekt, die Arbeit ist da ja nur ein Detail. Wir sind mit uns selbst beschäftigt. Wir werden zu unserer eigenen Marke. Die Frage, was unsere Individualität am treffendsten versinnbildlicht, beschäftigt uns wie keine Generation zuvor. Wir modellieren unser Leben. Wir arbeiten an unserer Karriere, an unserer Figur und daran, unseren Traumpartner zu finden, als wäre unser Leben ein Katalogentwurf, dem wir gerecht werden wollen. Man entscheidet sich bewusst für Dinge, mit denen man sich einen angemessenen Rahmen für sein Leben zusammenstellt, die richtige Fassung gewissermaßen. Jedes Detail wird zum Statement, das unser Ich unterstreichen soll: Mode, Musikrichtungen oder Städte, in die man zieht, Magazine, wie man sich ernährt – und in letzter Konsequenz auch die Menschen, mit denen man sich umgibt. Im Spiegel habe ich schon vor einigen Jahren gelesen: ‹Früher ging das Leben so: Erwachsen werden, Beruf ergreifen, heiraten, Kinder und gut. Heute sind überall diese Stimmen, die flüstern, dass alles noch viel besser sein könnte: der Job, der Partner, das Leben und vor allem man selbst.› Mit anderen Worten: Wir befinden uns in einem

anhaltenden Zustand der Selbstoptimierung. Wir wissen, dass alles noch viel besser werden kann. Bis es perfekt ist. Das Problem mit dem Perfekten ist allerdings, das man diesen Zustand nie erreicht.
Die Beziehungs- und Bindungsunfähigkeit, von der heutzutage so viel geredet wird, ist nichts anderes als das Streben nach universeller Selbstverwirklichung, nach vermeintlicher Perfektion. Man weiß einfach, dass es irgendwo noch jemanden gibt, der besser zu einem passt, der das eigene Leben sinnvoller ergänzt ...»

Und genau das macht die «Generation Beziehungsunfähig» aus: sich ja nicht zu früh und zu fest an jemand binden, denn es könnte sich ja noch eine/n Bessere/n finden.

Es wirkt geradezu anachronistisch, wenn Papst Franziskus zu dieser Generation in seinem Schreiben «Amoris laetitia» (März 2016) an junge Menschen in Nr. 132 den Appell richtet:

«Sich gegenüber einem anderen Menschen ausschließlich und endgültig zu verpflichten, birgt immer ein gewisses Maß an Risiko und Wagnis. Die Weigerung, diese Verpflichtung zu übernehmen, ist egoistisch, opportunistisch und kleinlich; sie bringt es nicht fertig, die Rechte des anderen anzuerkennen, und kommt nicht so weit, ihn der Gesellschaft vorzustellen als einen Menschen, der würdig ist, bedingungslos geliebt zu werden. Demgegenüber neigen diejenigen, die wirklich verliebt sind, dazu, ihre Liebe vor den anderen zu zeigen. Die Liebe, die in einer offen vor den anderen geschlossenen Ehe konkret wird, mit allen Verpflichtungen, die aus dieser Institutionalisierung hervorgehen, ist Manifestation und Beleg für ein ‹Ja›, das man ohne Vorbehalte und ohne Einschränkungen gibt. Das bedeutet tatsächlich, dem anderen zu sagen, dass er immer darauf vertrauen kann, dass er nicht verlassen wird, wenn er seine Attraktivität verliert, wenn er Schwierigkeiten hat oder wenn sich neue Alternativen für Vergnügung oder egoistische Interessen bieten.»

Bevor wir als Kirche also den Heiligen Geist oder den in sich beziehungsreichen «Drei-Einen GOTT» verkünden, müssen wir vielleicht erst wieder anfangen, Menschen beziehungsfähig zu machen!? Oder eben auch bei jenen Menschen, die (noch) nicht ganz und gar beziehungsunfähig sind: «GOTT» in deren Leben entdecken (helfen). Denn erfahrungsgemäss gibt es ja auch unter jungen Leute viele, die schon recht erwachsen sind – und unter den älteren Generationen solche, die es nie werden.

«Geistlich» wachsen und reifen

Dass der Mensch sich im Laufe seines Lebens vom Kind zum Erwachsenen entwickelt, ist ja eine Binsenwahrheit – jeder und jede weiß es und glaubt es. Ist diese Binsenwahrheit aber auch wirklich wahr? Sind alle, wenn sie beispielsweise ein bestimmtes Alter erreicht haben, auch wirklich erwachsen? Es ist nun ganz sicher nicht mein Anliegen, biologisch-medizinische, juristische, politische oder auch philosophische, soziologische und pädagogische Definitionen von Erwachsensein zu untersuchen. Es geht mir um die geistliche Dimension, um die Frage, wann ein Christ, eine Christin tatsächlich «geistlich erwachsen» ist.

Vielen ist vielleicht der Satz des Apostels Paulus im 1. Korintherbrief bekannt: «Als ich ein Kind war, redete ich wie ein Kind, dachte wie ein Kind und urteilte wie ein Kind. Als ich ein Mann wurde, legte ich ab, was Kind an mir war ...» Und die meisten Menschen wissen auch, dass Kinder noch in einer ganz eigenen Welt leben, mystisch verzaubert und noch sehr auf den Augenblick bezogen. Als ich beispielsweise Mitte der 90er-Jahre, wie in jedem Jahr, bei unseren Kindern den Nikolaus spielte, war Jonas mit seinen sechs Jahren, als er mich die Treppe heraufkommen sah, furchtbar enttäuscht: «Nein, nicht der Papa!» rief er mir entgegen. Als ich dann mit den beiden im Wohnzimmer saß und sprach, war ich auch für ihn ganz selbstverständlich der Nikolaus. Wenn ich heute am Abend des 6. Dezembers im Rahmen der Aktion «Lebendiger Adventskalender» den heiligen Nikolaus darstelle, erlebe ich da auch immer wieder Eltern, also Erwachsene, die nicht nur ihren Kindern zuliebe dieses «Theater» mitmachen, sondern gerne mitspielen, sich hineinziehen lassen in diese von der Kindheit her noch vertrauten Mystik. Und schön für mich als Theologe ist es, ihnen auf diese Weise einige Impulse mitgeben zu können – eben als Erwachsener.

Nachdenklich – oder sogar enttäuschend – stimmt mich dann aber, wenn es einzig bei diesem «Theater» bleibt, wenn auch das darauffolgende Weihnachtsfest oder Ostern «nur der Kinder zuliebe» begangen wird und es sich erschöpft im Geschenkeausteilen. Da habe ich dann den Eindruck, dass viele Erwachsene eben nicht abgelegt haben, was Kind an oder in ihnen ist, sondern sich für eine kurze Weile einfach mal wieder zurückflüchten in diese noch heile Welt. Und gerade in Bezug auf den Glauben habe ich sehr oft den Eindruck, dass Kirche und kirchliche Feste nur die Funktion haben, in dieser harten und fordernden Welt und Gesellschaft wenigstens noch eine kleine Insel kindlicher Erinnerungen anzubieten, wie es die Sängerin Helene Fischer in ihrem Lied «Für einen Tag» so schön zum Ausdruck bringt:

«Für einen Tag zurück ins Abenteuerland.
Für einen Tag, mit Peter Pan im Arm,
auf große Reise geh'n.
die Welt nochmal mit Kinderaugen seh'n.
Ja für einen Tag in dieses Land zurück,
wo es noch Wunder gibt.
Wo alles neu beginnt in jedem Augenblick.
Dort wär' ich gern' noch mal – für einen Tag.»

Andererseits habe ich oft den Eindruck, dass die Vertreterinnen und Vertreter der Kirchen diesen Wunsch gut erfüllen: In vielen Liedern, Gebeten und Predigten wird von einem Gott gesprochen, der sich um alles und jeden kümmert, der – wie ein lieber Opa – alle unsere Wünsche erfüllt, der sogar, wenn unser irdisches Leben zu Ende gegangen ist, eine Wohnstätte für uns bereitet hat. Predigerinnen und Prediger, vor allem in den freikirchlich-charismatischen Gemeinschaften, versprechen die Befreiung von allen Sorgen und Nöten und «wissen», was Gottes Wille für jeden Einzelnen und jede Einzelne ist. In dieser Beziehung unterscheiden sie sich nicht so sehr von den katholischen Fundamentalisten, die auch davon ausgehen, für jede Lebenssituation und -lage ein biblisch und göttlich abgesichertes Rezept zu haben. Hauptsache, die Menschen gehorchen ihnen und stellen ihre Rolle als Mittler zwischen Gott und Mensch nicht in Frage! Mich wundert nur immer wieder, wie viele Menschen – auch akademisch hoch Gebildete – sich auf dieses «Spiel» einlassen und ihre Eigenständigkeit und Mündigkeit im Glauben beim Eintritt in die Kirche ablegen – fast schon wie Muslime ihre Schuhe vor der Moschee.

Klar, um im Glauben – zumal nach der Kinderzeit – geistlich weiter zu wachsen und zu reifen, braucht es zunächst einmal Zeit und Mut. Denn wenn man dann so hört, dass dieser Gott Jesu nicht nur einen *Zu*spruch für jeden Einzelnen hat, sondern auch einen *An*spruch an ihn, dann kann das auch unangenehm werden, wenn es darum geht, die eingenen Sicherheiten aufzugeben, auf Besitz zu verzichten, das Kreuz zu tragen usw., wie es in der bereits erwähnten «Litanei» von Gisela Baltes beschrieben ist. Aber als Erwachsener im Glauben müsste irgendwann einmal erkannt werden, dass dieser «Gott-Vater» seine Vaterrolle nicht anders versteht als viele Väter und Mütter heute: dass aus ihren Kindern selbstständige, mündige, eigenverantwortliche Menschen werden, die ihr Leben selbst zu gestalten wissen. *Mein* Ziel ist es jedenfalls, dass ich meinen Söhnen nach dieser «Vaterzeit», die in ihrer Kindheits- und Jugendphase sicher sehr bedeutend war, immer mehr zum Freund und Partner werden kann, der da ist, wenn sie mich brauchen, sie aber sonst in Ruhe lässt, auch dann, wenn sie andere Wege gehen als die, die ich mir für sie gewünscht habe. So jedenfalls verstehe ich diesen Jesus, wenn er zu seinen Jüngerinnen und Jüngern sagt: «Ich nenne euch Freunde und nicht mehr Sklaven. Denn ein Sklave weiß nicht, was sein Herr tut. Aber ich habe euch alles mitgeteilt, was ich von meinem Vater gehört habe.» (Johannes 15,15) Und so könnte ich auch meinen Söhnen sagen: «Ich nenne euch nicht mehr ‹meine Kinder›, denn Kinder sehen nicht immer so ganz ein, was Eltern sagen oder wollen. Aber jetzt wisst ihr, was mein und unser Ziel und

Wunsch für euer Leben war, und jetzt liegt es an euch, dies zu übernehmen und umzusetzen – oder auch nicht. Wir entlassen euch aus der Kindschaft – und sind doch immer für euch da!» Gott sei Lob und Dank, dass ich für meine bzw. unsere Einstellung nun einen Gewährsmann auf der obersten Ebene der katholischen Hierarchie habe. Denn Papst Franziskus schreibt in «Amoris laetitia», Nr. 261:

> «Übertriebene Sorge erzieht nicht und man kann nicht alle Situationen, in die ein Kind geraten könnte, unter Kontrolle haben. Hier gilt das Prinzip: ‹Die Zeit ist mehr wert als der Raum›. Das heißt, es geht mehr darum, Prozesse auszulösen, als Räume zu beherrschen. Wenn ein Vater versessen darauf ist zu wissen, wo sein Sohn ist, und alle seine Bewegungen zu kontrollieren, wird er nur bestrebt sein, dessen Raum zu beherrschen. Auf diese Weise wird er ihn nicht erziehen, er wird ihn nicht stärken und ihn nicht darauf vorbereiten, Herausforderungen die Stirn zu bieten. Worauf es ankommt, ist vor allem, mit viel Liebe im Sohn Prozesse der Reifung seiner Freiheit, der Befähigung, des ganzheitlichen Wachstums und der Pflege der echten Selbständigkeit auszulösen. Nur so wird dieser Sohn in sich selbst die Elemente besitzen, die er braucht, um sich schützen zu können und um unter schwierigen Umständen klug und intelligent zu handeln. Die große Frage ist also nicht, wo das Kind sich physisch befindet, mit wem es in diesem Moment zusammen ist, sondern wo es sich in existenziellem Sinn befindet, wo es unter dem Gesichtspunkt seiner Überzeugungen, seiner Ziele, seiner Wünsche und seiner Lebenspläne steht. Darum lauten die Fragen, die ich an die Eltern stelle: ‹Versuchen wir zu verstehen, *wo* die Kinder sich wirklich auf ihrem Weg befinden? Wissen wir, wo ihre Seele wirklich ist? Und vor allem: Wollen wir es wissen?›»

Diese neue Dimension («*Die Zeit ist mehr wert als der Raum*»), die mir Papst Franziskus damit eröffnet hat, übertrage ich für mich auch auf die religiöse oder spirituelle Ebene: Es ist zweitrangig, ob meine Jungs ebenso oft und gerne «in die Kirche gehen» wie wir. Vorrangig ist für mich die Reifung der Freiheit und der Fähigkeit des ganzheitlichen Wachstums und der Pflege der echten Selbstständigkeit. Und mit Selbstständigkeit verbinde ich auch nicht in erster Linie finanzielle Unabhängigkeit, sondern das Verantwortungsgefühl der Umwelt, den Mitmenschen, der Gerechtigkeit gegenüber. Da hat es mich – das darf ich ja auch mal sagen – mit sehr großem Stolz erfüllt, als mein Aaron in seiner Abiturfeier von seinen Mitschülern und Mitschülerinnen «den Oskar für soziale Kompetenz» erhalten hat. Da hatte ich und hatten wir als Eltern das Gefühl, wohl doch vieles richtig gemacht zu haben auf das Ziel hin, unsere Kinder zu echten Partnern, ja sogar zu Partnern Gottes zu erziehen. Und dass er heute als Rettungsassistent eine für ihn wichtige Lebensaufgabe sieht, spricht vielleicht auch für sich.

Für «katholische Ohren», aber sicher auch für solche anderer Konfessionen und Religionen, sind das sicher ungewöhnliche, vielleicht sogar schrille Töne: der Mensch nicht als «Kind Gottes», sondern viel mehr als «emanzipierter Partner bzw. Partnerin Gottes»!? Aber wie sonst soll man den Schöpfungsauftrag (*kümmert euch um diese Erde und alles, was sie hervorbringt*), den Sendungsauftrag (*geht in alle Städte und Länder, in die er gerne gehen wollte, und verkündet das Evangelium*) und die Bevollmächtigungserklärung (*lehrt, heilt, tröstet, bindet und löst in meinem Namen*) verstehen?

Der katholischen Theologin Gabriela Lischer verdanke ich diesbezüglich einen entscheidenden Input. In ihrer Dissertation über «Religiöse Reife im Spiegel der Benediktsregel» (St. Ottilien 2011) führt sie fünf Kriterien an, die einen *reifen* Gläubigen auszeichnen – und auch unterscheiden von denen, die wir landläufig als *tiefgläubige* Menschen bezeichnen. Es ist nämlich gerade nicht das bedingungslose Sich-Ausliefern an eine höhere Macht, die man für Gott hält, sondern Charaktereigenschaften, die auch nichtreligiös reife Menschen auszeichnen:

(1)   Ob ein Mensch auch *religiös reif* ist, zeigt sich zum einen daran, ob er *sich* auch *entscheiden* kann. Es wäre wohl besser, hier ent-scheiden zu schreiben, denn zu dieser Entscheidung

gehört nicht nur die Ausrichtung daran, was mir zum «Leben» dient, sondern wesentlich auch, sich von dem scheiden zu können, was mich an meiner religiösen Entwicklung behindert. Sehr eindrücklich hat dies einmal eine ehemalige Klosterfrau für mich zum Ausdruck gebracht, indem sie formulierte: «Eigentlich bin *nicht ich aus dem Kloster* ausgetreten, sondern *das Kloster aus mir*!» Der Konvent, in dem sie mehrere Jahre lebte, war ihrem Empfinden nach in seiner Tradition und in seinem Lebensstil respektive seinem Umgang miteinander so verhärtet und verkrustet, dass ein «Leben» immer unmöglicher wurde. Entscheidungskompetenz heißt demnach, Mut haben, sich hier und jetzt zu entscheiden und dann nicht ständig den möglichen Alternativen nachzutrauern.

(2)   Ein zweites Kriterium entspricht der Einstellung, nicht «im Guten zu verhärten» (Herbert Dewald). Gabriela Lischer spricht dabei von der notwendigen *Dynamik* oder auch *Beweglichkeit*: «Dynamik, Flexibilität, Offenheit und Unterwegssein sind prägend für die Vorstellung religiöser Reife in der Benediktsregel. Der Regelschreiber wehrt damit das «Bleiben, wie ich bin», vehement ab und greift auf die Urerfahrung des Exodus zurück, in der bildhaft deutlich wird, dass jene, die in der Wüste sitzen bleiben, umkommen; nur wer sich bewegt, hat eine Chance, zum Gelobten Land zu gelangen.»

(3)   Ebenso gehört zu einem *reifen Gläubigen* bzw. *Menschen* die *Demut*, die zugleich aber auch ein Weg der *Selbsterkenntnis* ist: Indem ich mich immer wieder damit auseinandersetze, wie Gott diese Welt sieht und was er aus ihr machen will, und mich frage – im Gebet, durch Wahrnehmung der Realität, im Gespräch mit anderen, durch das Wahrnehmen meiner Gefühle und meines körperlichen Befindens usw. –, wie ich ihn dabei unterstützen kann, zeigt sich diese Selbsterkenntnis. Ich erkenne mich und meinen Auftrag in dieser Welt im Hier und heute. Allerdings darf dies nach Gabriela Lischer «nicht im Sinne einer linearen Zunahme oder einer Kompetenzsteigerung missverstanden werden [...], denn interessanterweise

spricht die Regel nicht nur vom Aufstieg, sondern vom Auf- *und* Abstieg auf der Leiter. Darin wird deutlich, dass es nicht um ein stetes Aufsteigen ohne ‹Rückfall› gehen kann.» Ein *reifer Christenmensch* weiß aber, dass solche «Rückfälle» zu einem dynamischen Leben dazugehören und lässt sich dadurch nicht vollkommen aus der Bahn werfen.

(4) Ein weiteres Charakteristikum ist die *Diskretion* bzw. das *Maßhalten*. Diese Diskretion zeichnet sich aus «durch Wachheit gegenüber den inneren Regungen, der Situation, dem Mitmenschen und der Sache, wobei es in der Situation darum geht, zwischen verschiedenen möglichen die passende Reaktion zu wählen. ‹Richtig› ist dabei relativ; es gibt keine absolute Wahrheit, die es zu finden gilt.» So kann es mir als verheirateter Ehemann auch passieren, dass ich mich in eine andere Frau als die meinige verliebe, ohne dass ich dadurch gleich «zu Tode erschrecke». Vielmehr leitet mich diese Diskretion dann dazu, dass ich mich einerseits über diese Lebendigkeit in mir noch freue, dann aber auch frage: Was reizt mich an dieser neuen Beziehung? Und ist es sie wert, alles aufzugeben und tatsächlich neu anzufangen? Sehr wahrscheinlich wird ein gründliches Überlegen, auch mit anderen Menschen, dazu führen, dass ein solches Verlieben ein deutliches Indiz ist, an meiner Partnerschaft zu arbeiten und nicht zu flüchten – vorausgesetzt, meine Frau geht diesen Weg mit.

(5) Nicht zuletzt erweist sich eine *reife Religiosität* dadurch, ob sie von mir selbst oder auch von anderen tatsächlich als eine *lebenslange Perspektive* gesehen wird. Voraussetzung ist dafür wiederum, dass ich nicht dem «Ewigkeitswahn» verfalle, der heute in der Anti-Aging-Bewegung den Vormarsch hält, sondern eben meine Lebenszeit immer auch als begrenzt sehe – ohne Resignation. Deshalb sind auch «kurze, spirituelle Sprintphasen» keineswegs ein Zeugnis von religiöser Reife. Vielmehr ist es die erkennbare (Lebens-)Einstellung, «jeden Tag aufs Neue umkehren, sich neu ausrichten zu können sowie die Erfahrung, immer auch auf Christus als Handelnden

verwiesen zu sein, die letztlich allen Zeitdruck und Zugzwang entfallen lassen».

An diesen Kriterien wird wohl jedem noch einmal deutlich, was eigentlich schon bekannt und klar ist: Einen *reifen Glauben* erlebt und erfährt man nicht unbedingt bei besonders treuen Kirchgängerinnen und Kirchgängern, die auf andere verächtlich herabschauen, weil diese nicht so sind, wie sie – in den Augen jener – sein sollten. Einen *reifen Glauben* entdeckt man eher bei solchen Menschen (die durchaus auch Kirchgängerinnen sein können!), die sich lebenslang auf «GOTT» einlassen, sich an ihm orientieren und eigenverantwortlich den Weg mit ihm gehen. Diese «Kinder Gottes» verstehen ihr Kind-Sein dann wohl so wie meine beiden Söhne: Nach einem groben Fehler, den ich mir selbst nur schwer verzeihen konnte, schrieb ich ihnen, dass ich mein Selbstwertgefühl als Vater verloren habe und eigentlich nicht mehr will, dass sie Papa zu mir sagen. Ihre sinngemäße Antwort, übrigens unabhängig voneinander, war für mich klar und eindeutig: «Du bist und du bleibst unser Vater, auch wenn wir dich nicht mehr so brauchen wie noch als Kinder. Aber wir sind *aus dir* und wir gehen unseren je eigenen Weg *mit dir* – basta!»

Die größte Problematik, Menschen nicht zu *reifen, erwachsenen* Mitchristen werden zu lassen, sehe ich katholischerseits keineswegs theologisch begründbar, sondern viel mehr in einer psychischen Verweigerung von solchen «Amtsträgern», die ihre Position mit vielen Bibelzitaten, Paragrafen aus dem Kirchenrecht und apostolischen Verlautbarungen «auf Teufel komm raus» verteidigen. Von solchen «Eminenzen und Exzellenzen» wird mit eher dubiosen theologischen Argumenten den Menschen eine *unmittelbare* Gottesbeziehung und Glaubenserfahrung nicht zugestanden – das würde ja ihre Funktion und Aufgabe grundlegend infrage stellen! Aber auch vonseiten (zu) vieler Laien wird dieser Rollenwechsel gar nicht postuliert, weil man es sich weitgehend auch nicht zutraut!

Noch füllen sich die «Gotteshäuser» mit Menschen, die gerne *fremdbestimmt* leben. Aber die Zahl derer nimmt zu, die *selbstbe-*

stimmt leben (wollen). Und um auch ihnen einen Halt, vielleicht sogar eine Heimat zu bieten, muss die Kirche sich öffnen und in ihrem Konzert der vielen Glaubensüberzeugungen auch diese Saite ihrer Botschaft zum Klingen bringen: dass der Mensch zu größerem berufen ist als zum Kind-Sein und Kind-Bleiben. Das war in den vergangenen Jahrzehnten, seit ich als Theologe wirke, leider immer weniger der Fall: Als ich in den 80er-Jahren Theologie studierte und dann auch die ersten Jahre in der Pastoral tätig war, haben meine Chefs wie Herbert Dewald oder Karl Berberich in ihrem Selbstverständnis als Pfarrer mir noch diese «Emanzipations-Bestrebungen» vorgelebt. Ein schöner, wegweisender Spruch von Herbert war zum Beispiel: «Denk immer daran, mein lieber Rudolf, du bist hier nur eine vorübergehende Erscheinung! Handle und lehre so, dass die Menschen auch eigenverantwortlich weitergehen, wenn du nicht mehr da bist!»

Nach meinem Eindruck befindet bzw. befand sich jedoch die katholische Kirche seit den 80er-Jahren eher auf einem Abstiegsmarsch. Etliche Verlautbarungen des Apostolischen Stuhls, wie man die Kurie in Rom auch nennt, lenkten ihre Zielrichtung immer mehr darauf, den Kirchenleuten klar zu machen, «was man zu glauben hat» und auf keinen Fall sagen darf. Theologen und Theologinnen meiner Generation – zumindest solche von meiner Gesinnung – haben sich zunehmend gefragt: Sind wir hier noch im richtigen Verein? Und ich für mich habe den Eindruck, dass viele Jahre meines Wirkens sinnlos verpufft wurden, weil ich mehr damit beschäftigt war, auf krummen Zeilen gerade zu schreiben, Unmögliches zu rechtfertigen suchen – statt auf das Wesentliche zu kommen.

Aber ich habe die Hoffnung nicht aufgegeben und sie in den letzten Jahren erneut wachsen sehen, dass auch diese meine katholische Kirche und viele andere den Mut haben, ihre «Kinder» erwachsen werden zu lassen, und dass auch sie selbst darauf hört, was der Geist ihnen mitteilt. Und wie wohltuend ist es da, in Franziskus nun – nach vielen Jahren der Abstinenz seit Johannes XXIII. – wieder einen Bischof für Rom und die ganze Weltkirche zu haben, dem auch dies offenkundig ein Anliegen ist. So zumindest deute ich einige seiner Appelle:

«Der Heilige Geist drängt uns dazu, unseren geschützten Raum zu verlassen, und er führt uns bis in die Randgebiete der Menschheit. All das ist in der Kirche aber nicht dem Zufall, der Improvisation überlassen. Es erfordert das Engagement aller für einen Pastoralplan, der an das Wesentliche erinnert und genau auf dieses Wesentliche ausgerichtet ist, das heißt auf Jesus Christus. Es ist nicht notwendig, sich in vielen nebensächlichen oder überflüssigen Dingen zu verlieren, sondern man muss sich auf die grundlegende Wirklichkeit konzentrieren, die die Begegnung mit Christus ist, mit seiner Barmherzigkeit, mit seiner Liebe, und die Mitmenschen so zu lieben, wie er uns geliebt hat ... Ein Plan, der von der Kreativität und Phantasie des Heiligen Geistes beseelt wird, der uns auch dazu drängt, mutig neue Wege einzuschlagen, ohne dabei zu verknöchern!»

Papst Franziskus an die Teilnehmer der Vollversammlung des Päpstlichen Rats zur Förderung der Neuevangelisierung, 14. Oktober 2013 (in «Evangeli gaudium», Nr. 120):

«Die neue Evangelisierung muss ein neues Verständnis der tragenden Rolle eines jeden Getauften einschließen. Diese Überzeugung wird zu einem unmittelbaren Aufruf an jeden Christen, dass niemand von seinem Einsatz in der Evangelisierung ablasse; wenn einer nämlich wirklich die ihn rettende Liebe Gottes erfahren hat, braucht er nicht viel Vorbereitungszeit, um sich aufzumachen und sie zu verkündigen; er kann nicht darauf warten, dass ihm viele Lektionen erteilt oder lange Anweisungen gegeben werden ... Wenn wir nicht überzeugt sind, schauen wir auf die ersten Jünger, die sich unmittelbar, nachdem sie den Blick Jesu kennen gelernt hatten, aufmachten, um ihn voll Freude zu verkünden: Kaum hatte die Samariterin ihr Gespräch mit Jesus beendet, wurde sie Missionarin, und viele Samariter kamen zum Glauben an Jesus auf das Wort der Frau hin (Joh 4,39). Nach seiner Begegnung mit Jesus Christus machte sich auch der heilige Paulus auf, und sogleich verkündete er Jesus

... und sagte: Er ist der Sohn Gottes. (Apg 9,20). Und wir, worauf warten wir?»

Ja, worauf warten wir eigentlich, wir «Laien» – und das heißt ja gerade *nicht* als «Nicht-Fachleute», sondern als zum Gottesvolk (zum *laos theou*) gehörende Mitarbeiterinnen und Mitarbeiter Gottes? Der, den wir «GOTT» nennen, hat seine Stellenausschreibungen schon unzählige Male publiziert, und er nimmt jeden und jede, die oder der in seinem Auftrag und in seinem Sinn die Welt optimieren möchte. Die Stelle antreten müssen wir aber schon selbst.

Laien in der Kirche

An dieser Stelle gilt es meines Erachtens einen Zwischenruf anzubringen. «Geneigte» Leserinnen und Leser werden nach diesem letzten Kapitel sagen: «Na klar!» – auch wenn das nicht gleichzusetzen ist mit «So machen wir es!» Die junge Generation – oder wie ich es in einem meiner Themenbereiche hier im Generalvikariat Zürich–Glarus zu sagen pflege: die «neuen Freiwilligen» – sind von einem anderen Schlag als die Mehrheit der Christinnen und Christen, die sich heute (noch) in unserer katholischen Kirche engagieren.

Soziologisch arbeiten wir Pastoraltheologen und -theologinnen schon seit einigen Jahren mit den sogenannten Sinus-Milieu-Studien. Bereits über einige Jahrzehnte hinweg wird diese soziologische Erfassung der Bevölkerung erarbeitet und herausgegeben von dem Markt- und Sozialforschungsunternehmen SINUS SOCIOVISION aus Heidelberg und ist so etwas wie eine regelmäßig fortgeschriebene Zielgruppen-Typologie. Man mag zu dieser Typologisierung stehen wie man will: Unbestreitbar ist, dass mit diesem derzeit zehn zum Teil sehr divergierenden Milieus unsere pluriforme Gesellschaft recht gut beschrieben wird und dass sich auch gerechtfertigte Rückschlüsse ziehen lassen auf das Verhalten so vieler – eben auch in oder gegenüber der Kirche bzw. den Kirchen.

Das Ganze ist ein wenig kompliziert und auch sprachlich nicht ganz einfach zu verstehen. Deshalb versuche ich einmal, dies ein wenig herunterzubrechen. Auf www.pastoral-gestalten.de/etappenbeschreibungen/erste-tiefenbohrung findet sich dann eine entsprechende Grafik.

Man stelle sich ein Koordinatensystem vor: Die waagerechte Achse ist in drei Spalten unterteilt und kennzeichnet in älteren Modellen die Altersschichten: Die älteren Menschen sind bzw.

waren eher auf der linken Spalte (Tradition), die Familien eher in der mittleren (Modernisierung/Individualisierung) und die jüngere Generation eher in der rechten Spalte (Neuorientierung) zu finden. Diese Charakteristika sind jedoch nicht «aus dem Bauch heraus» zugeordnet, sondern haben sich empirisch so ergeben. In den neueren Darstellungen und Auslegungen der Sinus-Milieu-Studien wird ganz bewusst darauf verzichtet, diese Segmente auch in Altersgruppen darzulegen, weil eben die Empirie zeigt, dass hier die Zuordnungen nicht mehr stimmen. In den vergangenen beiden Jahrzehnten finden sich in allen Altersgruppen diese unterschiedlichen Charakteristika: ältere Menschen, die sich nach wie vor selbstverwirklichen wollen, wie auch Jüngere, die sehr traditionell denken und handeln.

Die senkrechte Achse dagegen systematisiert die Bildungs-schichten und damit auch die sozialen Lagen. Im unteren Teil finden sich Menschen mit einem niedrigen Bildungsabschluss. Solchen traditionellen Menschen wie denen in prekären Situationen (also auch in finanzieller Hinsicht sehr schwierigen Lebenslagen) und Hedonisten (Menschen, deren Verhalten vorwiegend von der Suche nach Lustgewinn und Sinnesgenuss bestimmt ist) ist gemeinsam, dass ihr Interesse an Fort- und Weiterbildung nicht enorm ist. Sie konsumieren alles auf recht niedrigem Niveau und sind schnell überfordert, wenn allein schon die Sprache etwas «intellektueller» daherkommt. Im mittleren Segment der senkrechten Achse finden sich dann jene (auch Traditionelle, bürgerliche Mitte und Pragmatikerinnen und Pragmatiker), die zwar schon etwas wissen wollen, aber bitte für die Praxis: Sagt uns, was wir zu tun haben. Ganz anders dagegen die Etablierten (die Reichen und Angesehenen), die Intellektuellen, Performer (Gestalter) und Expeditiven (die einfach nur immer wieder neue Möglichkeiten ausprobieren wollen, die digitalen Techniken absolut beherrschen und nur wenig gebunden sind bzw. sich binden lassen wollen). Für die meisten von ihnen ist Kirche einfach nur «niveaulos», stehengeblieben, zu kaum etwas zu gebrauchen ...

Interessant ist nun das Ergebnis dieses Sozialforschungsunternehmens, wie sich diese verschiedenen Milieus gegenüber den Kirchen verhalten. Und es wundert wohl kaum, dass nur eine Minderheit der Befragten angibt – nämlich ein Großteil der Traditionellen und der bürgerlichen Mitte – eine irgendwie geartete Bindung zur Kirche zu haben. Andere Gruppierungen wie die Konservativ-Etablierten (also die älteren Besserverdiener, die überwiegend hohe ästhetische Ansprüche an Liturgie und Kirchenmusik haben) oder die Prekären (die Sozialhilfeempfänger, die Kirchen meist nur von ihren caritativen Einrichtungen her kennen), haben nur einen bestimmten, zumeist recht engen Zugang zur Kirche. Der Großteil der jüngeren Generation, die aber bis zu den etwa Fünfzigjährigen hinaufgeht, findet in der Kirche – bis auf einige Ausnahmen wie die «Generation Weltjugendtag» oder charismatische Splittergruppen – kaum eine Heimat.

Und noch eine wichtige Feststellung: Da das Unternehmen Sinus Sociovision schon seit Beginn der 80er-Jahre forscht, zeigt sich an diesen langfristigen Ergebnissen auch: Menschen mit zunehmenden Alter werden nicht «frommer» oder binden sich (wieder) eher an die Kirche. Es könnte also schon von daher das düstere Bild gezeichnet werden, dass die Kirchen über kurz oder lang regelrecht «aussterben». Denn wer in jungen Jahren keinen Bezug oder Halt in irgendeiner christlichen Gemeinschaft gefunden hat, wird dies auch im Alter nicht mehr suchen. Also doch nichts als Frustration und Resignation?

Aus meiner Sicht nicht! Wir müssen uns nur vor Augen halten, dass wir als katholische Kirchenleute das alte Traditionsschiff nicht «von Jetzt auf Nachher» auf einen anderen Kurs bringen können. Wer das will oder fordert, hat entweder keine Ahnung von Nautik und Organisationsentwicklung oder riskiert, dass das Schiff (die Kirche) auseinanderbricht. Ebenso katastrophal wäre es aber auch, die ganze Besatzung wie auch Passagiere auf kleinere Schiffe oder Boote zu verteilen und sie dann dahin segeln zu lassen, wo es ihnen lieb und recht ist. Damit wäre dann die im

Glaubensbekenntnis der Kirche so hochgepriesene «eine, heilige, katholische und apostolische Kirche» von der Bildfläche verschwunden. Wir müssen uns jedoch ebenso klarmachen: Die Zeit, in der *alle* zu einem katholischen, evangelischen oder sonstigen christlichen Milieu gehörten, sind – falls es eine solche jemals gegeben haben sollte – vorbei!

Für mich gehört die Zukunft jenen «Laien», die sich – vom eigentlichen Begriff her verstanden (*laos* = Volk) – zu diesem «Volk Gottes» bekennen und es auch kreativ, eigenverantwortlich, tatkräftig und nachhaltig neu formatieren. Das ist heute eine Minderheit, wie Renold Blank, ein emeritierter Pastoraltheologe aus São Paulo in Brasilien, in seinem bemerkenswerten Buch «Schafe oder Protagonisten? Kirche und neue Autonomie der ‹Laien› im 21. Jahrhundert» (Zürich 2013) treffend feststellt. Seinen Ausführungen zufolge gibt es nämlich fünf Kategorien von Laien in der Kirche, die keineswegs unter einen Hut zu bringen sind:

(1) Die «Schafe»

Blank zählt zu dieser Kategorie eine relativ kleine, aber lautstarke Gruppe von Christinnen und Christen, «die keineswegs emanzipiert sein will. Ja, sie leistet der Emanzipation geradezu Widerstand.» Für ihn sind es hauptsächlich Menschen, die mit der Vielfalt und Vielschichtigkeit, mit der Globalisierung und Komplexität der Welt nicht mehr zurechtkommen. Um ihre Weltsicht bewahren zu können, verlangt sie ein Beibehalten oder Zurückgehen zu den Werten der Tradition und nimmt Zuflucht bei irgendeiner höheren Führungskraft. Der Macht dieser Führung ordnet sie sich gerne unter, und auf religiöser Ebene macht sie «aus dieser Unterordnung gerade das Kriterium des guten Christen oder mindestens des guten Katholiken». «Im Allgemeinen sind ‹Schafe› bei den Inhabern der Macht gerne gesehen», denn sie «wollen keine strukturellen Veränderungen, weder in der Gesellschaft noch in der Kirche».

(2) Die «Konsumenten»

Sie sind geprägt von der neuen Mentalität des postindustriellen Menschen, fordern mit lauter Stimme Dienstleistungen – und dies in bester Qualität, ohne aber ihrerseits etwas dazu beitragen zu wollen. «Der Priester [oder der/die hauptamtliche pastorale Mit-arbeiter/in] wird gesehen als eine Art religiöser Funktionär, und Gnade ihm Gott, falls er sich erfrechen sollte, im Namen Gottes von Dingen zu sprechen, die beunruhigen.» In diesem Fall gehen «Konsumenten» auch so weit, dass sie öffentlich Protestbriefe schreiben oder sich auch an die zuständigen Oberen wenden. Sie sind solange nicht aggressiv, wie ihre religiöse Routine nicht gestört und ihre Bedürfnisse befriedigt werden.

(3) Die «Emanzipierten»

Dies ist nach Blank die neue Generation, die es gewohnt ist, ihre Probleme selbst zu lösen, und für die es selbstverständlich ist, an Entscheidungsprozessen beteiligt zu werden, sofern es sie selbst betrifft. «Diese neue Generation akzeptiert keine Bevormundungen mehr, weder durch die institutionelle Kirche noch durch irgendeine andere religiöse Autorität.» Blank sieht in diesen emanzipierten Frauen und Männern, die dynamisch, innovativ und kritisch sind und der Kirche sicher auch kritische Fragen stellen, das Hauptpotenzial für Veränderungen, denn dieser Typ Mensch ist fähig, «auf kreative Weise Erneuerung und Veränderung zu bewirken. Er ist geübt darin, im Team zu arbeiten, aber gleichzeitig versteht er dieses Team nicht als Gleichschaltungsinstrument, sondern als Mittel, um Probleme gemeinsam zu lösen.»

(4) Die «Resignierten»

Sie haben sich in der Kirche engagiert, aber irgendwann für sich beschlossen, ihre Energien woanders einzusetzen. «Es sind jene, die enttäuscht wurden in ihren Erwartungen und in ihrer Sehnsucht, eine offenere und gemeinschaftlichere Kirche schaffen zu können.» Die Resignierten könnte man auch bezeichnen als «die Träumer» nach dem Zweiten Vatikanischen Konzil, die allmählich ihrer Hoffnungen beraubt wurden durch eine immer zentralistischer agierende Kirche, die sich – wie im Bistum Chur – heftig gegen die Inkompetenz im bischöflichen Amt wehrten und nach Jahren einsehen mussten, dass Rom nichts dazugelernt hat.

(5) Die «Revoltierenden»

Auch sie gehören «zur großen Gruppe der emanzipierten Christinnen und Christen», die mehrheitlich «durch kirchliche Bestimmungen, Gebote und Verbote» irgendwo auf einer sehr tiefen «emotionalen Ebene sehr persönlich und schmerzhaft getroffen» wurden. Zu dieser Gruppe zählt Blank auch jene, die bittere und leidvolle Erfahrungen mit Vertretern der Kirche gemacht haben, als sie deren Hilfe und Unterstützung am nötigsten gehabt hätten.

Renold Blank wirft damit ein etwas hoffnungsvolleres Licht auf die Situation der (katholischen) Kirche, weil er – nicht so deprimierend wie die Sinus-Milieu-Studie – davon ausgeht, dass viele Christen und Christinnen für eine Veränderung (wieder-) gewonnen werden könnten, wenn man sie nur mitdenken und mitgestalten lässt. Solange wir aber den Fokus auf die «Schafe» und die «Konsumenten» setzen, die in den Kirchen noch in Erscheinung treten – sei es zu den sonntäglichen oder gar werktäglichen Eucharistiefeiern oder zu den großen sakramentalen Events wie Erstkommunion, Firmung, Hochzeit, Beerdigungen usw., solange werden wir uns darum drücken, etwas zu verändern, um nicht auch diese noch zu verlieren.

Angesagt und dringend notwendig ist aber ein «Umbau bei fließendem Verkehr»:

• den «Konsumenten» mit geringem Arbeitsaufwand möglichst effizient geben, was sie wollen – zumindest solange wir uns von deren Kirchensteuerabgaben abhängig machen und unsere Identität nach den Statistiken ausrichten;

• den «Schafen» konsequent deutlich machen, dass ihre Haltung nicht mehr zeitgemäß und zukunftsweisend ist, und sie doch in ihren Anliegen ernst nehmen;

• den «Emanzipierten», «Resignierten» und «Revoltierenden» aber deutlich machen, dass wir eine Veränderung wollen und sie dazu brauchen!

Mit Papst Franziskus ist meines Erachtens eine Zeit angebrochen, die wie ein Weckruf gedeutet werden kann. So schreibt Walter

Kirchschläger im Jubiläumsbuch «Katholiken im Kanton Zürich –
eingewandert, anerkannt, gefordert» (Zürich 2014):

«Mit dem Wechsel im Amt des Bischofs von Rom [von Benedikt XVI. zu
Franziskus] brach eine neue Jahreszeit für die Kirche an. Pfingsten hat in
diesem Jahr bereits in der österlichen Busszeit begonnen [am 13. März
2013]: Ein ‹fratelli e sorelle, buonasera›, ein gemeinsames Schweigen
zum Gebet … Schon diese erste Begegnung mit Bischof Franziskus
zeigte die Veränderung an. Unzählige Menschen innerhalb und ausserhalb der Kirche spüren das Einfache, Demütige, Bescheidenere in diesem Menschen, der hier einen Dienst antrat. Ob die Ortskirchen sich da
einordnen können? … ‹Es ist Zeit, vom Schlaf aufzustehen› (vgl. Römer
13,11). Die Kirche geht als Volk Gottes auf ihrem Pilgerweg. Wer diesen
Morgen verpasst, verschläft die Kirche in ihrem neuen Frühling, in dem
ihre ‹zeitlose Jugendlichkeit› erneut erkennbar wird. Für einmal kommen die Weckrufe aus Rom. Auch in den Bischofs- und Pfarrhäusern
müssen sie gehört werden.»

Meine Erfahrungen gehen dahin, dass der Schub zur Veränderung
nun klar und deutlich erst einmal von den Bischofs- und Pfarrhäusern ausgehen muss. Es gab in der mir bekannten Vergangenheit
und es gibt in der Gegenwart genügend Beispiele, wie Pfarrer, Ge-
meindeleiterinnen und -leiter sowie Seelsorgeteams viele Laien
motivieren konnten und können, sich für eine zeitgemässe, moder-
nere Kirche und Pfarrei einzusetzen. In den vierzehn Jahren, die
ich im Erzbistum Freiburg arbeitete, habe ich mehr als siebenhun-
dert Visitationsberichte durchgearbeitet und etliche Pfarreibesu-
che gemacht; und auch hier in Zürich und Glarus kenne ich fast
alle der rund 100 Pfarreien – ich weiss, wovon ich spreche. Und
diese Erfahrungen veranlassen mich auch, in Diskussionen zum
Thema Freiwilligenarbeit bzw. -förderung immer wieder penet-
rant darauf hinzuweisen: Wer keine Freiwilligen findet, der will
auch keine! Und manchmal bin ich auch recht wagemutig, Hauptamtlichen klar zu sagen: Der Heilige Geist bietet euch genügend
Freiwillige an – nur vertreibt ihr sie wieder durch euer Machtge-

habe oder durch eure Bequemlichkeit. Denn nicht alle Menschen schätzen und mögen eine Kirche, die sich gibt wie eine Schildkröte: lahm, alt aussehend, abgeschirmt, und nur selten aus sich herausgehend ...

Ich lege damit meinen Finger in jene Wunde, die für mich hauptsächlich dafür ist, wenn es mit unserer Kirche auch weiterhin dramatisch bergab geht. Und ich weiß, dass es vielen anderen ebenso geht – nicht nur dem Münchner Pfarrer von St. Maximilian, Rainer M. Schießler, der in seinem öffentlichkeitswirksamen Buch «Himmel, Herrgott, Sakrament» und in seinen Fernsehauftritten in die gleiche Kerbe schlägt. Sein Bekenntnis für die Mitarbeit und Mit- bzw. Eigenverantwortung der Laien, die im Grunde die ganzen 250 Seiten durchzieht, lässt sich so zusammenfassen:

«Ich setze mich konsequent für die Beteiligung von Laien in der Gemeindearbeit ein. Eben weil ich so gute Erfahrungen gemacht habe – und weil sie so wichtig sind für die Identifikation der Gläubigen. Ich mache keinen Unterschied zwischen den Geschlechtern und schließe niemanden aus, nur weil er in einer anderen Art der Beziehung lebt. Wer sich freiwillig mit seiner Zeit und seiner Persönlichkeit bei uns einbringt, zeigt doch, dass er dem Glauben gar nicht fernstehen kann. In der Beteiligung von Laien liegt ein gigantisches Potenzial, das die gesamte Kirchen- und Gemeindeverwaltung umspannt und den Mangel an Priestern sofort ausgleichen würde ... [So hat auch] Christus jedem Getauften ungeachtet seiner Herkunft oder seines Standes die Verkündigung des Evangeliums aufgetragen. Allen! Christus hat nie selbst getauft – das taten seine Jünger. Das aber waren wiederum auch keine geweihten Priester mit Hochschulabschluss – sondern Fischer, Zöllner, Handwerker, Arbeitslose. Wenn wir bestehen wollen, in dieser sich so schnell verändernden Zeit, kommen wir nicht drumherum, neues Denken zu entwickeln, wacher, offener zu werden und der Zukunft mit einer begrüßenden, vorwärtsgewandten Haltung zu begegnen ... Verwandeln, gestalten und nicht verwalten.»

Mit ihm hoffe ich auch noch auf diese Wandlung in der Kirche – und die Hoffnung stirbt bekanntlich zuletzt.

Wenn die «Hierarchen» doch nur hierarchisch wären

Klar – auf den ersten Blick ein rein «katholisches» Problemfeld.
Die Hierarchie der katholischen Kirche: das Papsttum mit seiner
kurialen Gefolgschaft, die aber oft gar nicht so sehr *ihm* folgen,
sondern eher den Papst treiben; die Bischöfe, die eher Außen-
dienst-Mitarbeiter des Vatikans sind als Hirten ihrer Herde vor
Ort; die Pfarrherren, die auf ihre kirchenrechtlich zuerkannte
Erst- und Letztverantwortung pochen und – zumindest hier im
Bistum Chur – selbst entscheiden können, ob sie einen Pfarreirat –
ein beratendes Laiengremium in Sachen Pastoral – wollen oder
auch nicht; die haupt- und nebenberuflichen pastoralen Mitarbeiterinnen und Mitarbeiter, die schlimmstenfalls für zehn Leute
arbeiten, nicht aber zehn Leute zum Arbeiten bringen. Und ganz
unten in der hierarchischen Ordnung – wobei für nicht wenige sie
gar nicht dazugehören – die Laien, die demzufolge eher als «Ob-
jekt der Pastoral» statt als deren Subjekte betrachtet werden. Die
Liste der negativen Erscheinungsbilder von Hierarchie in unserer
katholischen Kirche ließe sich endlos fortsetzen.

Aber vielleicht wird dadurch auch schon deutlich, dass es eben
kein rein «katholisches» Problemfeld ist. Denn solche Erschei-
nungsformen treffe ich auch in der evangelisch-reformierten Lan-
deskirche Zürich an: Pfarrer und Pfarrerinnen, die überzeugt sind,
für alles allezeit zuständig zu sein; denen es gar nicht in den Sinn
kommt, Laien – sie sprechen ja dort auch von einem «allgemeinen
Priestertum» – am Konfirmationsunterricht zu beteiligen oder
diesen sogar an solche abzugeben; die, obwohl sie in großen Pfarreien zu viert oder gar zu sechst hauptamtlich zusammenarbeiten,
einen Ersatzpfarrer oder eine Ersatzpfarrerin brauchen, wenn
jemand ausfällt.

Vielleicht wird damit schon klar, dass ich unter dem «hierarchischen» Problem gar nicht so sehr die Ober- oder Unterordnung, die klare Leitungs- und Führungs*systematik* sehe, sondern vielmehr das Leitungs- und Führungs*verhalten*.

Eine diesbezüglich schlimme Erfahrung für mich war die Zusammenarbeit mit einem Pfarrer, der unausgesprochen ständig sagte: «Ohne mich könnt ihr nichts tun!» Das wäre ja an sich noch okay, wenn er dies rein *informativ* gemeint hätte, also dass er einfach über alle Abläufe, Projekte, Geschehnisse usw. informiert sein will. Er verstand diese Aussage aber *formativ*: Er muss zu allem und jedem auch sein Placet bzw. sein «nihil obstat» geben. Und das wiederum gab er nur, wenn die jeweiligen Vorhaben auch in *seinem* Sinn waren – und er war von seiner Spiritualität her von der Art, dass ihm der Gehorsam gegenüber dem Kirchenrecht und der hierarchischen Struktur wichtiger war als gegenüber dem Evangelium und der Freiheit eines Christenmenschen. Und dementsprechend machte für ihn beispielsweise eine Jugend- oder Familienpastoral nur dann Sinn und war nur dann effizient, wenn überall auch die Methode des Bibelteilens angewendet wurde und die Jugendlichen bzw. Familien dadurch auch – quasi automatisch – sich irgendwann zur Kerngemeinde zählen und regelmäßig im Sonntagsgottesdienst erscheinen. Es verwundert wohl kaum, dass ich nach etwa zwei Jahren eingesehen habe, dass wir keine gemeinsame Zukunft haben werden – wir haben vielmehr die Pfarrei mehr und mehr gespalten, weil jeder von uns beiden seine «Anhängerschaft» hatte und ein fruchtbarer, weiterführender Dialog nicht möglich war.

Dieses eine Beispiel kann vielleicht schon aufzeigen, dass auch bei recht «flachen» Hierarchieformen große Probleme auftreten können. Ich bestreite auf keinen Fall, dass es so etwas wie eine Hierarchie braucht! Spätestens bei meiner Ausbildung bei Eurosy-Steam® in systemischer Organisationsentwicklung habe ich auch – wissenschaftlich erwiesen – gelernt, dass es in jedem System, selbst in der Familie, klare Rollen- und Zuständigkeitszuweisungen braucht, auch wenn sich diese im Laufe der Zeit verändern oder sie neu ausgehandelt werden können und müssen. Und insofern bestreite ich auch keineswegs, dass es in einer Pfarrei oder Kirchgemeinde auch einen Pfarrer respektive eine Pfarrerin braucht, die gegenüber den anderen Pfarreien bzw. Kirchgemeinden und gegenüber den übergeordneten Systemen als verantwortliche Person steht. Auch aufgrund meiner langjährigen Erfahrung in Beratungen von verschiedenen Organisationssystemen bin ich der Überzeugung, dass die manchmal so hochgelobten «Teamleitungen» ein Etikettenschwindel sind: In jedem Team bildet sich eine oder einer als Leader heraus, auch wenn er oder sie sich dann nie so bezeichnen darf, um den hehren Teamgeist nicht zu stören. Solange «TEAM» nicht bedeutet: «Toll – Ein Anderer Macht's», kann man diesen Traum träumen und vielleicht auch in einem kleinen, geschlossenen System leben. Aber man soll dann nur nicht von dieser Ebene auf alle anderen schliessen und fordern, auch die katholische Kirche oder anderen Kirchen müssten dem Willen Jesu nach hierarchiefrei sein.

Konsequent anzumahnen wäre dagegen, dass die Leitenden und Führenden in den Kirchen endlich mal das Wort «Hierarchie» in seinem theologischen Sinn wahr- und ernst nehmen. Mit ihren Griechischkenntnissen wissen alle Theologinnen und Theologen, dass dieses Wort sich ableitet von ἱερός (hieros = heilig, gottgeweiht, aber auch stark, kräftig) und ἀρχή (archä = Anfang, Ursprung, Prinzip, aber auch Herrschaft, Führung, Amt). Hierarchie kann also problemlos übersetzt werden mit «starker Herrschaft» oder «kräftiges Amt»; kultisch bedeutete Hierarchie aber nie etwas anderes als «heiliger Ursprung», «gottgeweihtes Prinzip». Und die Aufgabe und Funktion der Hierarchen war es vornehmlich, immer wieder an diesen «heiligen Ursprung» zu erinnern, als Person dafür aufrecht und geradezustehen, dass diese Herkunft oder diese Vision nie aus den Augen verloren geht.

In diese Richtung sehe ich auch die erste mediale Wirkung im Amt von Papst Franziskus: Schon durch die ersten Zeichen, die er in seinem Amt setzte (der Verzicht auf Hermelingewänder, das Wohnenbleiben im Gästehaus Santa Marta, sein Lampedusa-

Gang, die erste Fußwaschung am Gründonnerstag 2013 im römischen Jugendgefängnis Casal del Marmo usw.), merkten selbst nicht religöse Medienleute, das da ein anderer das Heft in die Hand genommen hatte – einer, der seine erste und wichtigste Aufgabe darin sieht, an den «heiligen Ursprung», an Jesus als den Religionsstifter des Christentums, an «GOTT» und seinen Heilswillen für die Menschen zu erinnern. Und das Gleiche kann natürlich auch von Papst Johannes XXIII. gesagt werden – und sicher noch von etlichen anderen Päpsten im Laufe der Geschichte.

Mich jedenfalls rührt dieses Erleben eines neuen Papsttums an. Und ich frage zugleich, inwieweit dieses Verständnis auch auf die unteren Ebenen der Kirchen heruntergebrochen werden kann. Wenn Bischöfe, Priester, hauptamtliche Laien und alle Leitenden in der Kirche sich dieses Verständnis voll und ganz zu eigen machen, dann wäre «Hierarchie» gar nicht mehr so sehr ein Problemfeld, sondern ein unbeschreiblicher Reichtum des kirchlichen Systems. Voraussetzung dafür wäre jedoch, dass das Führungs- und Leitungs*verhalten* auch diesen inneren Anspruch zum Vorschein bringt: dass die Hierarchen und Hierarchinnen ihre Leitungsaufgabe nicht in erster Linie darin sehen, zu kontrollieren, zu befehlen, zurechtzuweisen usw., sondern zu ermutigen, zu ermächtigen, zu begleiten und zu trösten. Und dass ich nur dann ein guter Leiter respektive eine gute Leiterin sein kann, wenn ich Menschen auch zu *führen* gelernt habe – ihnen als Führer bzw. Führerin, als gutes Beispiel vorausgehen kann und will.

Mit diesem Verständnis von Hierarchie, von Leitung und Führung in der Kirche wäre meines Erachtens sogar ein Boden bereitet, den ökumenischen Dialog effizient(er) voranzubringen. Denn nach wie vor scheitern ja alle Bemühungen um ein gemeinsames Abendmahl, um eine gegenseitige Anerkennung als «Kirche» an diesem Àmtsverständnis. Bernd Jochen Hilberath, mein dogmatischer Doktorvater, hat diese theologische Stoßrichtung in seinem Buch «Jetzt ist die Zeit. Ungeduldige ökumenische Zwischenrufe» (Ostfildern 2010) stichhaltig anhand etlicher ökumenischer Konsenspapiere als zukunftsweisend ausgelegt. In Bezug auf diesen Gedankengang, Hierarchie im Sinne des «gottgeweihten Prinzips», einer «heiligen Ordnung» zu verstehen, schreibt er:

«Dann kann man sagen, dass die Kirche als *communio*, in der es Ämter und Dienste gibt, die von Gott gewollte Ordnung der Gemeinschaft aller Glaubenden ist. Dieser theologisch verstandene Ursprung fordert dann aber in keinster Weise eine theologisch zu bewertende soziologische hierarchische Unter- und Überordnung. Das hat mit einer, vom höchsten Lehramt immer wieder befürchteten, Gleichmacherei überhaupt nichts zu tun! Innerhalb der Gemeinschaft gibt es kein Über oder Unter, wohl aber ein Gegenüber. Das heißt: In bestimmten Aufgaben und Funktionen stehen die amtlichen Priester der Gemeinschaft der Glaubenden gegenüber. Dieser vom Konzil als Wesensunterschied bezeichnete Unterschied ist ein Unterschied in Funktionen, die wesentlich sind für die jeweiligen Aufgaben entweder des gemeinsamen oder des amtlichen Priestertums.»

Und dieser «funktionale» Unterschied könnte laut Hilberath auch leicht von anderen christlichen Konfessionen nachvollzogen und geteilt werden, wie er in seiner dritten Option «Für eine Anerkennung der Ämter» ausführlich darlegt.

Warum also nicht voranschreiten auf dem Weg der gegenseitigen Anerkennung und des Miteinanders? Was hindert uns, die «eine, heilige, katholische und apostolische Kirche» in ihrer ganzen Vielfalt und Vielschichtigkeit zu leben? Das ist aber nun gewiss nicht nur ein Appell an die «Oberen», sondern in gleicher Weise an die «Basis» der Kirchen! Denn ich erlebe noch viel zu oft, dass gerade auch von dort ökumenische Bemühungen von einigen Wenigen in der Pfarrei oder Kirchengemeinde zunichte gemacht werden durch Beharren auf Traditionen und durch Besitzstandswahrungen. Egal welcher Konfession (katholisch, evangelisch-reformiert, christ- oder altkatholisch, anglikanisch usw.) zugehörig: Es sind immer die «Schafe», die nicht nur blöken, sondern sich in den Weg stellen mit Argumenten wie «Das ist unmöglich!», «Das war noch nie so!» oder «Dann geht alles zugrunde!». Vielleicht müsste man diese mal deutlichst «zu Grunde *führen*» (nicht *richten!*), um nicht nur in der Ökumene, sondern auch in Pfarreien und Kirchgemeinden ein anderes Leitungs- und Führungs*verhalten* zu etablieren?

Glaube braucht Gemeinschaft

«Im Haus meines Vaters gibt es viele Wohnungen ...» (Johannes 14,2). Vermutlich ist jetzt schon klar, dass ich die katholische Kirche nicht als die einzige «Wohnung» sehe, in der ich meinen Glauben leben und feiern kann. Sicher, ich bin in ihr aufgewachsen, noch immer berühren mich feierliche Hochämter mit vielen Ministranten und Ministrantinnen sowie liturgisch schön gewandete Kleriker, der Weihrauch, die Orgel, der Chorgesang oder auch das «Salve regina» oder «Tantum ergo» auf Latein. Das vermittelt mir so etwas wie Heimat – aber es gibt mir keinen Halt!

Das war unsere Devise als Eltern, die in der Taufe den Auftrag übernommen haben, ihren Kindern im Glauben Halt zu vermitteln. Deshalb haben wir unseren beiden Jungs etliche dieser «Wohnungen» gezeigt, nicht nur die einzelnen katholischen Pfarreien in Mosbach, Sinsheim, Pforzheim und Freiburg-Munzingen, in der wir berufsbedingt jeweils lebten und mitarbeiteten. Wir haben auch andere katholische Pfarreien, in denen Kinder- und Jugendgottesdienste «im Angebot» waren, besucht, haben auch an evangelischen und freikirchlichen Gottesdiensten teilgenommen, waren sehr oft in Rom und dort auch bei Gebeten der Comunità Sant'Egidio und haben selbst einmal einen Vespergottesdienst in Wigratzbad, der schon erwähnten Hochburg der Petrusbruderschaft im Allgäu, genossen. Wir wollten ihnen und uns zeigen: Kirche – gerade auch die katholische – ist vielfältig und vielgestaltig!

Interessanterweise haben unsere Söhne diese Suche nach einer für sie stimmigen Glaubensgemeinschaft nicht weitergeführt. Vielmehr haben sie sich, als sie unabhängiger von uns wurden, immer mehr konzentriert auf unsere Wohnpfarrei, waren fleißige Ministranten, sogar Gruppenleiter, und sahen ihren Halt bzw. ihre «Heimat» bei der Ministrantenschaft von St. Stephan. Das ging sogar so weit, dass sie sich – als diese Pfarrei in Munzingen der größeren Seelsorgeeinheit am Tuniberg zugeordnet wurde – zunächst weigerten, auch in der zentralen und nach unserem Geschmack viel attraktiveren St. Nikolauskirche zwei Ortschaften weiter zu ministrieren. Das hat sich aber gelegt, nachdem sie entdeckten, dass es auch in den anderen zur Seelsorgeeinheit gehörenden Gemeinden wie Tiengen, Mengen, Opfingen und Waltershofen hübsche und nette Minis (vor allen Ministrantinnen) gibt. Obwohl auch sie immer klagten, der Gottesdienst gebe ihnen nichts, erfüllten sie recht lange ihre Pflicht mit dem Argument, es wäre besser, dass man etwas zu tun habe, als ständig irgendwo herumzufahren. Der Endpunkt unserer «Entdeckungsreisen» war dann ein Kommentar von Jonas beim Weg zu einem Gottesdienst an einem ganz anderen Ort: «Sag mal, arbeitest du jetzt für die ‹Stiftung Kirchentest› oder bist du wie Christian Rach für Restaurants ein ‹Gottesdiensttester› für Pfarreien?» Spätestens da haben wir als Eltern festgestellt: Die Ansprüche unserer Jungs an den Gottesdienst entsprechen nicht den unseren; sie suchen dort nicht «das Wort Gottes», einen Impuls für ihren Alltag, sondern schlicht und einfach ihre Freundinnen und Freunde.

Wenn ich an meine Jugendzeit zurückdenke, dann waren es im Grunde ja auch die Beziehungen, die Freundschaften, die uns – damals noch – Sonntag für Sonntag in die Kirche führten. Und auch bei uns, in einem Dorf mit noch hoher Sozialkontrolle, war es so, dass wir dieses sonntägliche Meeting beibehielten, auch wenn wir – den Gottesdienst betreffend – etwas mogelten. Auf dem Weg vom oder zum Café Lörz schauten wir kurz mal in die Kirche rein, sodass wir beim Mittagessen auf die Frage, ob wir auch in der Kirche waren, ungelogen mit Ja antworten konnten ...

Mein Weg – wie eingangs schon beschrieben – verlief dann aber anders, vielleicht ungewöhnlich anders. Nach einer zweijährigen «Kirchenabstinenz» während der Lehre im Bäckerhandwerk habe ich wieder die Gemeinschaft gesucht – die *communio* mit Gleichgesinnten. Das war für mich schon 1979–1982 im Spätberufenenseminar St. Pirmin in Sasbach wichtig, denn auch dort gab es schon Kurskollegen, die ganz eigene Vorstellungen von «glauben» hatten und sich ihre «Wohnungen» entsprechend einrichteten, sei es mit voreilig selbst gekauften liturgischen Gewändern oder auch mit Marterwerkzeug. Hätte ich damals nicht auch schon Kollegen gehabt, die – wie ich meine – bodenständig und nüchtern den Glauben gelebt und über ihn gesprochen hätten, wäre ich wohl geflüchtet. Wir «Normalen», wie wir uns selbst ansahen, fanden in Eduard Klausmann, dem Pfarrer des benachbarten Obersasbach, einen priesterlichen Verbündeten. Die Werktagsgottesdienste bei und mit ihm waren einfach nur gut: In seinen Gebeten und Ansprachen fühlten wir uns «aufgehoben», weil er uns als Schüler von St. Pirmin wahr- und ernstnahm. Da kam es schon mal vor, dass er in seinen freien Fürbitten etwa folgendes formulierte: «Herr, hilf diesen schon in die Jahre gekommenen Schülern von St. Pirmin [Schülerinnen gab es bei uns noch nicht!], die so viel Unnötiges lernen müssen, dass sie dich und dein Wirken nicht aus den Augen verlieren und sich trotz allem die Freude am Leben bewahren.»

Edi, so durften wir ihn nennen, war unsere Leitfigur, unser Idol, und er wurde mir auch nach meiner Sasbacher Zeit zu einem treuen Lebensbegleiter und Beichtvater. Erst durch ihn habe ich gelernt, dass beichten – sich zu den eigenen Unzulänglichkeiten und Fehlern zu bekennen – erstens nicht auf den Beichtstuhl angewiesen ist, zweitens mit der Lossprechung nicht endet und drittens ein dialogisches Geschehen ist. Und der Gipfel und Höhepunkt unserer Freundschaft war dann, als er auch mir – als jungem Theologiestudenten – die Beichte ablegte und mich um Absolution bat. Revolutionär!

Ich könnte jetzt meine ganze Lebens- und Glaubensgeschichte weiter durchgehen: Immer waren und sind es Gemeinschaften von Gleichgesinnten, die mich tragen und halten. Es waren aber nicht immer die Gleichen: Zu Beginn des Theologiestudiums im Freiburger Collegium Borromaeum waren es Studenten der oberen Kurse wie Norbert oder Raimund Schuster, die uns Junge mitrissen, zum logischen und zeitgemäßen theologischen Denken anspornten, und in gewisser Weise auch in Schutz nahmen vor manchen eindimensional denkenden und glaubenden Vorstehern. Ganz entscheidend war für mich das Jahr in Rom, in dem ich die Comunità Sant'Egidio intensiv kennenlernte, eine Laiengemeinschaft, die unter den zwei Grundausrichtungen «Option für die Armen» und «Option für die Freundschaft» agiert. Nach meinem Studium, an meiner ersten Stelle als Praktikant, war es sogar einmal eine charismatisch angehauchte Gemeinschaft, die sehr stark – für mich dann aber zu stark – auf das Wirken des Heiligen Geistes setzte und selbst bei Kopfschmerzen lieber der Handauflegung als auf Thomapyrin® oder einen Arztbesuch vertraute. Und irgendwann war ich auch mal ein glühender Anhänger der New-Age-Bewegung, hielt sogar Vorträge über die Chancen und Gefahren dieser neuen Spiritualität und verschlang Bücher von Ken Wilber und Konsorten.

Auf dem Weg der Suche nach meinem eigenen Glauben und was mir dabei Halt gibt, waren und sind mir andere wichtig – bis heute und wohl auch mein ganzes Leben lang. Denn *was* ich glaube, muss nicht nur vor meinem eigenen Denken und Empfinden Bestand haben, sondern auch von anderen verstanden und geteilt werden – sonst ist es nach meiner Überzeugung kein wahrer, sondern ein versteckter, ein «okkulter» Glaube. Wenn ich meinen Glauben nicht mit anderen teile, anderen mit-teile und auch prüfen, korrigieren, ergänzen lasse, dann «beschneide» ich ihn bzw. mich von seiner Dynamik und Weiterentwicklung, ich werde im wahrsten Sinn des Wortes «sektiererisch».

Und «Sekten» gibt es, gerade auch innerhalb unserer katholischen Kirche, schon genug! Für mich sind dies Gemeinschaften, die sich *in sich* so wohlfühlen, dass sie gar keine Anfragen *von außen* haben wollen oder zulassen. Ich empfehle dazu nur einmal auf www.kath.net oder de.gloria.tv zu gehen und sich dort Verunglimpfungen «Andersgläubiger» zuzumuten. Wenn man sich traut, dort dann auch noch einen kritischen Kommentar abzugeben, wird man endlos beschimpft und quasi als «Ketzer» gebrandmarkt. Auch Papst Franziskus geißelt dies als eine Fehlentwicklung, wenn Familien – oder eben auch Gruppierungen – sich verschließen, «unfruchtbar» werden:

> «Keine Familie kann fruchtbar sein, wenn sie sich für allzu verschieden oder ‹abgehoben› hält. Um diese Gefahr zu vermeiden, sollten wir uns daran erinnern, dass die Familie Jesu, erfüllt von Gnade und Weisheit, nicht als eine seltsame, wundersame, dem Volk entrückte Familie angesehen wurde. Eben darum fiel es den Leuten schwer, die Weisheit Jesu anzuerkennen, und sie sagten: ‹Woher hat er das alles? ... Ist das nicht der Zimmermann, der Sohn der Maria?› (Mk 6,2–3) ‹Ist das nicht der Sohn des Zimmermanns?› (Mt 13,55) ... Dennoch geschieht es manchmal, dass christliche Familien wegen ihres Sprachgebrauchs, wegen der Art, sich auszudrücken, wegen ihres Stils im Umgang mit anderen, wegen der ständigen Wiederholung von zwei oder drei Themen als fremd, von der Gesellschaft getrennt angesehen werden und sogar die eigenen Verwandten sich von ihnen verachtet oder verurteilt fühlen.» («Amoris laetitia», Nr. 182)

Das Manko unserer Zeit ist meines Erachtens, dass sich diese eher konservativ eingestellten Christinnen und Christen sehr gut zu Gemeinschaften formieren und auch erfahrungsgemäß sehr gut miteinander vernetzt sind. Für die eher progressiv denkenden und fühlenden Christinnen und Christen gibt es dagegen relativ wenige Plattformen, Vergemeinschaftungen. Es gehört heute schon eine ordentliche Portion Glück dazu, in einer Pfarrei oder Gemeinschaft mitzuleben, die einem auch Halt im Glauben und in der spirituellen Weiterentwicklung gibt. Überwiegend ist es jedoch so, dass das Interesse an «Glaubensgesprächen» in den letzten Jahren oder Jahrzehnten enorm abgenommen hat. Die Tabuisierung des Glaubens bzw. die Verdammung der eigenen Glaubensüberzeugung in das eigene «stille Kämmerlein» trägt meines Erachtens zu einer eklatanten Glaubensverkümmerung bei. Selbst aktive Pfarreimitglieder werden so – um mit einem Bild von Bischof Joachim Wanke aus Erfurt zu sprechen – «religiös und spirituell unmusikalisch».

Es tut mir weh, bei immer mehr Menschen aus meinem Freundes- und Bekanntenkreis sowie aus meinem Arbeitsfeld zu erleben, wie sie sich zurückziehen, selbstgenügsam werden und nur noch ihre eigenen Hobbys pflegen. Zum Teil verstehe ich es auch allzu gut: Da haben sie sich in der Zeit nach dem II. Vatikanum mit viel Leidenschaft und Herzblut in die Kirche bzw. Pfarrei eingebracht – und wurden dann Stück für Stück wieder beschnitten auf ihre Rolle als «Empfangende». Oder ein anderes krasses Beispiel im Bistum Chur: Da haben am 22. Mai 1988 hunderte von Christinnen und Christen gegen die Weihe von Wolfgang Haas zum Bischof – im wahrsten Sinn des Wortes «mit Leib und Seele» – protestiert. Bis 2. Dezember 1997 dauerte es dann, bis auch Rom gegen diese erzkonservative und das Bistum spaltende Führung einlenkte und ihn als Erzbischof nach Liechtenstein «entsorgte» – und dann müssen die Kämpferinnen und Kämpfer zehn Jahre später erleben, dass sich die Geschichte zu wiederholen scheint. Wem ist es da zu verdenken, wenn er oder sie sich in seinen eigenen «Schrebergarten» oder in eine andere Wohlfühlgemeinschaft verabschiedet?

Aber manchmal höre und spüre ich auch – gerade von diesen alten Kämpferinnen und Kämpfern, dass da noch eine Sehnsucht ist nach Gemeinschaft, nach Spiritualität, nach Beheimatung. Die Leere, die eine Kirche, die aus ihnen ausgetreten ist, hinterlassen hat, wird manchmal auch als schmerzlich empfunden.

Deshalb wäre es ja allerhöchste Zeit, nicht nur die bestehenden Gemeinschaften (wie Frauen-, Männer-, Kolpingvereine, Bündnisgemeinschaften oder stark dezimierte Gebetsgruppen usw.) in unserer Kirche zu pflegen – manchmal auch «zu Tode zu pflegen», sondern Ressourcen zu schaffen, um neue Gemeinschaften aufzubauen. Auch hierfür gibt es etliche sehr gute Beispiele und Vorbilder, die aufzeigen, dass dies keine Unmöglichkeit oder Utopie ist. Wenn ich heute nicht den Anspruch habe, dass «Kleine Christliche Gemeinschaften» nur von einem bestimmten Format (Bibelteilen-Gruppen) sein dürfen, sondern den Gläubigen auch die Freiheit lassen, ihre eigene Ausdrucksform des Glaubens frisch und lebendig zu leben, sich selbst spirituell zu formieren und zu formatieren, dann könnten unsere katholische Kirche wie auch andere christliche Kirchen wieder das werden, was sie eigentlich sein sollten: jung, dynamisch, einladend – und immer bereit, sich zu regenerieren bzw. reformieren.

Oder wie es die neue Bewegung «fresh expressions» ausdrückt: «kirche | erfrischend | anders». Hier hat vor etlichen Jahren schon die anglikanische Kirche, von der diese Bewegung ausging, erkannt, dass man Menschen heute nur mit traditionellen Formen und Riten nicht mehr erreichen kann. Deshalb ist es wichtig, rechtzeitig nach neuen «Räumen» und «Gefäßen» zu suchen und diese zu erproben, in denen «GOTT» wieder oder eben anders zur Sprache kommen kann. Im Internet findet man auf www.freshexpressions.ch zum Beispiel folgende Erläuterungen:

«Im Zentrum vom «fresh expressions» stehen Menschen, welche wenig oder keinen Bezug zur Kirche oder der christlichen Spiritualität haben. Sie leben ihre Spiritualität in ihrem Umfeld oder Netzwerk, engagieren sich für Menschen darin, hören diesen zu, nehmen deren Freude, Hoffnung, Trauer und Angst wahr, teilen sie und lassen sich dabei von Gott leiten. ... Mit neuen Strukturen ist es jedoch noch nicht getan. Oft bleiben Strukturveränderungen im System verhaften. Es braucht einen Paradigmenwechsel. Kirche entsteht unter den Menschen, gemeinsam mit ihnen – induktiv, nicht deduktiv – charismenorientiert und situationsbezogen. Es braucht den Mut zur Lücke, den Mut zur Verweigerung, den Mut, nicht alles zu tun, was erwartet wird. Es braucht den Mut, Menschen partizipieren zu lassen, sie zum eigenen Tun zu ermächtigen, sie zu beauftragen und ihnen Verantwortung zu übergeben – wenn auch Außergewöhnliches und Ungewohntes dabei geschieht.»

Aus meiner Wahrnehmung gibt es derzeit noch etliche andere Bewegungen, die in die gleiche Richtung wie «fresh expressions» unterwegs sind: der «Prozess Neuland» des Bistums St. Gallen, die internationale ASIPA-Bewegung mit den Anliegen, möglichst viele «Kleine christliche Gemeinschaften» zu gründen, dann die

«Lokale Kirchenentwicklung» im Bistum Hildesheim, das ökumenische Laboratorium «Kirche neu denken» der Evangelischen Akademie Loccum und sicher noch etliche mehr. Aus meiner Sicht liegen all diese Bewegungen auf der Wellenlänge von Papst Franziskus mit dem Ziel, eine Kirche – Gemeinschaften – aufzubauen, in der Hauptberufliche nicht mehr vorrangig als Dienstleisterinnen und Dienstleister fungieren, sondern mehr und mehr Christinnen und Christen suchen, befähigen, begleiten, ermächtigen, ihre Berufung und Sendung selbst zu leben und zu gestalten. Er schreibt in «Evangelii gaudium», Nr. 120:

> «Jeder Getaufte ist, unabhängig von seiner Funktion in der Kirche und dem Bildungsniveau seines Glaubens, aktiver Träger der Evangelisierung, und es wäre unangemessen, an einen Evangelisierungsplan zu denken, der von qualifizierten Mitarbeitern umgesetzt würde, wobei der Rest des gläubigen Volkes nur Empfänger ihres Handelns wäre. Die neue Evangelisierung muss ein neues Verständnis der tragenden Rolle eines jeden Getauften einschließen …»

Recht konkret hat dies meines Erachtens Kardinal Rainer Maria Woelki in seinem Fastenhirtenbrief 2016 auf unsere Situation hin zum Ausdruck gebracht:

> «Eine Kirche, die auf Partizipation, Mitverantwortung und den Reichtum des Glaubens aller Getauften setzt, braucht eine Veränderung unserer Haltungen und Rollenmuster. Das ist nicht leicht, braucht Zeit und ist wohl nur aus einer gemeinsamen geistlichen Erfahrung heraus möglich. Wer beim Bibel-Teilen, im Glaubensgespräch, im gemeinsamen Ringen um den Zukunftsweg der Kirche den anderen als verantwortungsvollen Christen erlebt, der wird bereit, mit ihm – oder ihr – Verantwortung zu teilen, Aufgaben abzugeben und Neues zuzulassen – ganz gleich ob im Haupt- oder Ehrenamt. Solche geistlichen Räume und Begegnungsmöglichkeiten müssen wir uns schaffen und pflegen, sonst werden uns diese Erfahrungen nicht geschenkt. So möchte ich Sie alle ausdrücklich dazu ermutigen. Daran anschließend möchte ich auch zu einer immer tieferen

Zusammenarbeit ermutigen. Viele von Ihnen, die Sie sich in unseren Pfarreien heute engagieren, arbeiten in den verschiedensten Berufen längst in hochqualifizierten Teams und erwarten darum in ihrem kirchlichen Engagement zu Recht, von den kirchlich Verantwortlichen auf Augenhöhe wahrgenommen zu werden: als mündige Christen, die ihre Fähigkeiten und ihre Zeit für die Kirche einbringen. Teamfähigkeit ist darum auch für die Hauptberuflichen in der Pastoral eine immer wichtigere Qualifikation, an der wir arbeiten und in der wir uns entwickeln müssen. Die Art bzw. die Qualität der Teamarbeit vor Ort wird zudem ein wichtiges Zeugnis in die Pfarrei, in den Seelsorgebereich oder die kirchliche Einrichtung hinein sein. Denn gerade eine gute, wertschätzende, transparente und klare Weise des Umgangs miteinander dient dem gemeinsamen Anliegen: dem Aufbau des Reiches Gottes mitten unter uns.»

Wenn ich die Zeichen der Zeit richtig deute, dann ist es verdammt spät, aber nicht *zu* spät, um Kirche neu oder anders zu denken und erneut zu reformieren. Und das ist, um es noch einmal zu betonen, kein römisch-katholisches Postulat allein! In diesem Reformprozess müssten auch die evangelisch-reformierten Kirchen, die evangelisch-methodistischen Gemeinden, die Freikirchen – möglichst alle christlichen Konfessionen einsteigen, damit in der Vielfalt die Einheit der Überzeugung erkennbar wird, dass es einzig allein um die Weitergabe des Glaubens und den Aufbau des Reiches Gottes mitten in dieser und für diese Welt geht!

Den Glauben dosiert weitergeben

Wenn ich im vorherigen Kapitel betont habe, wie wichtig es ist, mit anderen über den Glauben zu sprechen und den Glauben zu leben, so muss ich nun gleich hinzufügen: *mit anderen* heißt aber *nicht mit allen anderen*! Ich kann nicht erwarten, dass *alle* meine Glaubensüberzeugungen teilen und sie *nur dann* für richtig und wahr halten. Gerade Gläubige, die eine möglichst konkrete Vorgabe brauchen und sich mit zu viel Freiheit eher schwertun, werde ich wohl kaum erreichen. So haben sich aus meinem Kurs «Wie geht katholisch?» auch schon Teilnehmende wieder abgemeldet, weil ich ihnen zu wenig Katechismus-Wissen vermittle. Andererseits bekomme ich jedoch viel öfter zu hören, dass meine Anregungen und Impulse, den Glauben neu oder anders zu denken und zu leben, viele überhaupt erst wieder inspiriert, sich erneut auf die Suche zu machen. Und so erlebe ich auch diesen Glaubenskurs immer wieder neu als einen Such-Weg für mich selbst, auf dem ich zwar anderen Vieles von meinem bisherigen Finden anbiete, aber auch selbst, durch die Erfahrungen und Fragen der anderen, immer wieder neu zum «Er-Finder» werde, die Botschaft je neu auszudrücken.

Meine Rolle in diesem Kurs und überhaupt als Pastoralverantwortlicher hier in Zürich, in dem Land der «Urdemokratie», ist es, nicht vorzugeben, sondern anzubieten, um dann zu einmütigen Entscheidungen zu gelangen. Das sehe ich auch als grundlegend für die Rollen der Leiterinnen und Leiter solcher Glaubensgemeinschaften: Sie sollen nicht Herren über den Glauben anderer sein, sondern Helfer zur Freude, wie es schon Paulus von sich selbst formulierte (vgl. 2 Korinther 1,24). Denn Gemeinschaften, egal welcher Art, brauchen Führungspersönlichkeiten, Menschen, die selbst be*geist*ert sind und andere motivieren, inspirieren, zurüsten, begleiten und auch trösten können. Und die größte aller Gaben (Charismen) solcher Leader ist für mich das Zuhörenkönnen, biblisch ausgedrückt: «Hören, was der Geist den Gemeinden sagt» (Offenbarung 2,7 u.a.): keinen Kadavergehorsam einfordern, wie es in der katholischen Kirche nicht nur im Mittelalter gang und gäbe war, sondern Hören als dialogisches Geschehen. Wie schon angeführt, spricht man in der Organisationsentwicklung dabei von «flachen Hierarchien» – in der Einsicht, dass es ohne klare Rollenverteilung (und dazu gehört auch die Führung und Leitung) nicht geht, dass aber die Kommunikation zwischen Führenden und Geleiteten möglichst eng und verlässlich ist.

Für die katholische Kirche scheint auch diesbezüglich ein neuer Frühling anzubrechen: Mit Papst Franziskus «regiert» nun ein Oberhaupt, dem der Dialog, die *gemeinsamen* Beratungen über bestimmte Themen, an erster Stelle steht. Im Gegensatz zu seinen Vorgängern, die doch vieles noch zentral regeln und bestimmen wollten, lässt er in «Evangelii gaudium», Nr. 16, verlauten:

> «Ich glaube auch nicht, dass man vom päpstlichen Lehramt eine endgültige oder vollständige Aussage zu allen Fragen erwarten muss, welche die Kirche und die Welt betreffen. Es ist nicht angebracht, dass der Papst die örtlichen Bischöfe in der Bewertung aller Problemkreise ersetzt, die in ihren Gebieten auftauchen. In diesem Sinn spüre ich die Notwendigkeit, in einer heilsamen «Dezentralisierung» voranzuschreiten.»

Und diese «Dezentralisierung» kann man dann herunterbuchstabieren auf die Bistümer, Pfarreien, Glaubensgemeinschaften usw. Fatal wird es, wenn ein Bischof beispielsweise fast nur der engtraditionellen Spiritualität wie der Petrusbruderschaft verbunden ist und alle anderen als «Ungläubige» denunziert, die nicht seine Überzeugung teilen, dass außerhalb der katholischen Kirche und dieser rigorosen Form kein Heil zu erlangen ist. Aber auch ein solcher Bischof oder Pfarrer hat seine Anhängerschaft, die ihn braucht und die er braucht, um sich im Glauben jeweils «aufgehoben» und beheimatet zu fühlen bzw. zu wissen. Nur, die Aufgabe eines Bischofs wie einer jeden Leitungsperson ist es zuallererst, ein *episkopos* zu sein – ein Mensch, der (so die wörtliche Übersetzung) die Übersicht hat und behält, der auch einiges übersehen kann und vor allem auch in der Vielfältigkeit des Glaubens Brücken bauen kann (so die andere Bezeichnung für dieses Amt: *pontifex*). Noch haben wir von dieser Sorte zu wenig, aber die Hoffnung stirbt bekanntlich zuletzt.

Für mich und meine Einstellung war das Buch von dem Theologen und Psychotherapeuten Werner Huth mit dem Titel «Glaube, Ideologie und Wahn. Das Ich zwischen Realität und Illusion» (1984) extrem wichtig. Nachdem ich die 387 Seiten regelrecht verschlungen hatte, entwickelte ich – so glaube ich zumindest – eine hohe Sensibilität für die Glaubens*meinungen* anderer. Ganz dick und fett hatte ich mir damals einen Satz angestrichen, der für mich wohl zu einem Schlüssel für das ganze Buch wurde:

> «Wer daran glauben will, dass sich Gott in der eigenen Religion geoffenbart hat, muss billigerweise zumindest für denkbar halten, dass dieser Gott sich immer wieder und auf verschiedene Weise, das heißt auch in anderen religiösen Formen offenbart.»

Vielleicht war das für mich auch der Schlüssel, die eigene Religion bzw. Konfession nicht zu verabsolutieren und mich total mit ihr zu identifizieren, sondern in einer kritischen Distanz zu bleiben. Für mich wurde immer klarer, dass mich Gott nicht in erster Linie dazu braucht, ihn in die Welt zu bringen, sondern allenfalls um ihn in dieser Welt zu ent-decken, zu erspüren und auf sein Dasein hinzuweisen. In dieser Überzeugung hat mich in den 80er-Jahren nicht nur Leonardo Boff, der Befreiungstheologe aus Lateinamerika, bestärkt, sondern in unseren Tagen – Gott sei Lob und Dank! – auch erneut Papst Franziskus, wenn er ausgerechnet einer recht fundamentalistisch agierenden Missionsgruppe, der Gemeinschaft des Neokatechumenalen Weges, am 1. Februar 2014 mit auf den Weg gibt:

«Wohin ihr auch geht, wird es euch gut tun, daran zu denken, dass der Geist Gottes stets vor uns ankommt. Das ist wichtig: Der Herr geht uns immer voraus! Denkt an Philippus, als der Herr ihn auf jene Straße sendet, wo er einem Hofbeamten begegnet, der auf seinem Wagen sitzt (vgl. Apostelgeschichte 8,27–28). Der Geist geht uns immer voraus: Gott kommt immer vor uns an! Auch an den fernsten Orten, auch in den unterschiedlichsten Kulturen sät Gott überall den Samen seines Wortes. Hieraus entspringt die Notwendigkeit einer besonderen Aufmerksamkeit gegenüber dem kulturellen Umfeld, in das ihr gehen werdet, um dort tätig zu sein: Oft handelt es sich um ein Umfeld, das sich sehr stark unterscheidet von dem Umfeld, aus dem ihr stammt.»

Dank der Sensibilisierung durch Werner Huth lernte ich schon frühzeitig zu unterscheiden, ob sich mir «gereifte» Menschen in den Weg stellten, um mich liebevoll zu korrigieren, oder unsichere Gläubige, die sich durch meine und anderer Ansichten infrage gestellt und angegriffen fühlten – und deshalb manchmal recht aggressiv meine Kirchlichkeit bzw. meine (Recht-)Gläubigkeit infrage stellten.

Ich lernte auch zu verstehen, dass «glauben» nichts gemein hat mit «nicht wissen», wie es mein Vater immer formulierte, und dass es einen gravierenden Unterschied gibt zwischen dem «glauben, dass …» (lateinisch: *putare*) und dem «glauben an …» (lateinisch: *credere*). Wer «richtig» glaubt, so Huths These, der macht sich fest an einer «überzeitlichen Gewissheit», wie es mit diesem Leben und dieser Welt gut weitergehen kann. Ganz profan könnte man auch sagen: Er bzw. sie schließt sich einer Weltanschauung an, die sich im Laufe der Geschichte immer wieder neu bewährt und als sinnvoll bzw. sinngebend erwiesen hat. Dabei – und das ist das Entscheidende – ist und bleibt dieser Mensch offen für neue Deutungsmuster und passt die eigene Verwurzelung im Glauben an die veränderlichen Gegebenheiten der Zeit an.

Im Gegensatz dazu beharren der Ideologe respektive die Ideologin auf der einmal als richtig erkannten Glaubensüberzeugung, auch wenn diese auf die frühe Kindheit zurückreicht. Ich muss beispielsweise immer innerlich grinsen, wenn ich von Erwachsenen noch das alte Tischgebet höre: «O Gott, von dem wir alles haben, wir preisen dich für deine Gaben. Du speisest uns, weil du uns liebst, drum segne auch, was du uns gibst. Amen.» Ich frage dann auch schon mal zurück: Also liebt er die Hungernden in Afrika nicht? Und manchmal erreiche ich es dann sogar, dass auch erwachsene Mitmenschen merken, dass dieses «altehrwürdige» Tischgebet missverständlich sein kann. Ideologisch veranlagte Menschen lassen solche Anfragen aber erst gar nicht an sich heran.

Die absolute Steigerung dessen ist nach Werner Huth dann der Wahn: «wahnsinnig Glaubende» drängen ihre Überzeugung anderen als die einzig richtige und legitime auf – im schlimmsten Fall mit Gewalt. Eigentlich verbietet es sich, überhaupt noch von «Glauben» zu sprechen, wenn solche Menschen davon besessen sind, anderen den eigenen fundamentalistisch geprägten Glauben aufzuzwingen. Das ist dann rein psychopathologisch zu deuten: Da hat man es mit Menschen zu tun, die sich einen mächtigen, meist auch strafenden Gott erschaffen haben, um an dessen Macht zu partizipieren.

Gemeinsam ist denen, die in der Ideologie oder im Wahn gefangen sind, dass sie andere gar nicht mehr in ihrem Anderssein ertragen *können*. Und ich vermute, dass diese Menschen auch ein Satz von Papst Franziskus an den Rand der Verzweiflung drängt, den dieser in dem schon erwähnten Interview mit dem Jesuiten Antonio Spadaro im September 2013 äußerte:

«Die großen Führer des Gottesvolkes wie Mose haben immer Platz für den Zweifel gelassen. Man muss Platz für den Herrn lassen, nicht für unsere Sicherheiten … Wer heute immer disziplinäre Lösungen sucht, wer in übertriebener Weise die ‹Sicherheit› in der Lehre sucht, wer verbissen die verlorene Vergangenheit sucht, hat eine statische und rückwärtsgewandte Vision. Auf diese Weise wird der Glaube eine Ideologie …»

Es gilt also gut darauf zu achten, wer einem in welcher Dosis den Glauben weitergeben möchte und sich gegebenenfalls auch dagegen zu schützen. Und es ist ebenso entscheidend, die eigene «Dosis» der Glaubensweitergabe zu überprüfen. Am sinnvollsten finde ich immer noch den Ratschlag vom Apostel Petrus:

> «Wer wird euch Böses zufügen, wenn ihr euch voll Eifer um das Gute bemüht? Aber auch wenn ihr um der Gerechtigkeit willen leiden müsst, seid ihr selig zu preisen. Fürchtet euch nicht vor ihnen und lasst euch nicht erschrecken, sondern haltet in eurem Herzen Christus, den Herrn, heilig! *Seid stets bereit, jedem Rede und Antwort zu stehen, der nach der Hoffnung fragt, die euch erfüllt; aber antwortet bescheiden und ehrfürchtig*, denn ihr habt ein reines Gewissen. Dann werden die, die euch beschimpfen, weil ihr in (der Gemeinschaft mit) Christus ein rechtschaffenes Leben führt, sich wegen ihrer Verleumdungen schämen müssen.» (1 Petrus 3,13–16)

Rede und Antwort stehen, aber bescheiden und ehrfürchtig! Sich nicht aufdrängen oder anbiedern, sondern eher wie es der französische Diplomat und Schriftsteller Paul Claudel riet: «Rede nur, wenn du gefragt wirst; aber lebe so, dass man dich fragt!»

Und noch etwas scheint mir wichtig: das richtige Maß zu finden! Den Mittelweg zwischen Stolz, Überheblichkeit, Arroganz und Angst, Bescheidenheit, Demut. Gerade in kirchlichen Kreisen gibt es oft so etwas wie ein Demutsideal: «Ich kann da doch nichts sagen, ich habe doch nicht (Theologie) studiert!» Solche Menschen leben oft unter ihrem «Niveau», trauen sich kaum zu leben und aus sich herauszugehen. Und damit behindern sie das Wirken des Heiligen Geistes genauso wie diejenigen, die anderen die Meinung verbieten, weil sie ja von Theologie, Dogmatik, Kirchenrecht usw. keine Ahnung haben. Ich selbst schätze Theologen und Theologinnen nicht aufgrund der Anzahl ihrer Titel und Bücher, sondern aufgrund dessen, ob sie es verstehen, ihr «Wissen» auch an den Mann und an die Frau zu bringen – von solchen Menschen müsste es noch viel mehr geben. Ebenso schätze ich aber auch

Mitmenschen, die sich (noch) trauen, nicht rechthaberisch, sondern bescheiden ihre Meinung und Überzeugung ins Gespräch einzubringen, sich auch mal «aus dem Fenster zu lehnen» und gegen den Mainstream zu reden – ich würde mir vielmehr Menschen wünschen, die das innerhalb der Kirche wagen, ohne unter Umständen vernichtende Konsequenzen fürchten zu müssen.

Papst Franziskus hat meines Erachtens einen heute sehr wunden Punkt getroffen, wenn er in seinem Schreiben «Amoris laetitia» den Eheleuten einen Rat in Bezug auf den Dialog mit auf den Weg gibt, der aber wahrlich nicht nur für die Ehe, sondern überhaupt für die Glaubensweitergabe von zentraler Bedeutung ist:

«Sich Zeit lassen, wertvolle Zeit, die darin besteht, geduldig und aufmerksam zuzuhören, bis der andere alles gesagt hat, was er nötig hatte. Das erfordert die Askese, nicht mit dem Reden zu beginnen, bevor der passende Moment gekommen ist. ... Oftmals braucht einer der Ehegatten nicht eine Lösung seiner Probleme, sondern nur, angehört zu werden. Er muss spüren, dass man sein Leid, seine Enttäuschung, seine Angst, seinen Zorn, seine Hoffnung, seinen Traum erfasst hat. Doch Klagen wie diese sind häufig: ‹Er hört mir nicht zu. Wenn es scheint, als tue er es, denkt er in Wirklichkeit an etwas anderes.› – ‹Ich spreche zu ihm und spüre, dass er hofft, dass ich endlich aufhöre.› – ‹Wenn ich mit ihr spreche, versucht sie, das Thema zu wechseln, oder sie gibt mir kurze Antworten, um das Gespräch abzuwürgen.› ... Geistige Weite, um sich nicht versessen hinter einigen wenigen Ideen zu verschanzen, und Flexibilität, um die eigenen Meinungen ändern oder ergänzen zu können. Es ist möglich, dass sich aus meinen Gedanken und denen des anderen eine neue Synthese ergeben könnte, die uns beide bereichert. Die anzustrebende Einheit ist nicht Einheitlichkeit, sondern eine ‹Einheit in der Vielfalt› oder eine ‹versöhnte Verschiedenheit›. ... Damit der Dialog der Mühe wert ist, muss man etwas zu sagen haben, und das erfordert einen inneren Reichtum, der seine Nahrung bezieht aus der Lektüre, der persönlichen Reflexion, dem Gebet und der Offenheit gegenüber der Gesellschaft. Andernfalls werden die Gespräche langweilig und substanzlos. Wenn keiner der Ehegatten sich bildet und keine Vielfalt der

Beziehungen zu anderen Personen besteht, wird das Familienleben ‹endogam› [man bleibt nur unter sich und Seinesgleichen], und der Dialog verarmt.» (aus Nr. 137, 139 und 141).

Ich ergänze meine Überschrift dieses Kapitels: Den Glauben muss man nicht nur «dosiert» weitergeben, sondern auch «gekonnt».

«GOTT» dienen und feiern

Dass meine Frau und ich recht pionier- und experimentierfreudig sind, ist ja vermutlich schon deutlich geworden. So haben wir uns auch an Ostern 2014 entschlossen, nicht traditionell die Osterliturgie von Gründonnerstag bis Ostersonntag oder gar noch Ostermontag «durchzuziehen», sondern uns Alternativen überlegt. Und an dem Abend, an dem normalerweise die «Allerheiligste Liturgie», die Einsetzung der Eucharistiefeier bzw. des Abendmahls, angesagt ist, sind wir in das nahegelegene Tunsel gefahren, in dessen Kirche eine «Kreuzweg-Meditation mit dem Projektchor» angekündigt war. Was wir da erleben durften, war für uns phänomenal: Eine junge Chorleiterin, Carina Sitterle, von Beruf Musik- und Religionslehrerin, hatte etwa 20 Sängerinnen und Sänger motiviert, neue geistliche Lieder einzuüben und sie zu den Texten darzubieten, die von der ökumenischen Arbeitsgemeinschaft Jugendkreuzweg 2014 auf Bundesebene herausgegeben wurden. Auffallend war zunächst, dass es sich nicht um ältere Mitglieder eines Kirchenchores und auch nicht um Jugendliche handelte, sondern Menschen zwischen 25 und 60, die in unseren Kirchen eigentlich rar sind. Und das Zweite war dann die Art und Weise, wie diese Frau den Chor dirigierte: Das war gelebte Spiritualität! Text, Musik, Bewegungen und Gestik flossen so ineinander über, dass man deutlich spüren konnte: Diese Frau und der ganze Chor glauben, was sie singen! Ich fühlte mich nach dieser – für mich tiefspirituellen – Stunde gedrängt, ihr mein Kompliment und meinen Dank persönlich mitzuteilen. Und wir, meine Frau und ich, haben uns an diesem Abend noch lange unterhalten, was für uns Kreuzweg, Auferweckung und Ostern bedeutet.

Am Karsamstag hatten wir dann noch das Glück, am Nachmittag an einer Führung durch den «Ostergarten in Ehrenstetten» teilnehmen zu können. Eigentlich sollte es über die Kar- und Ostertage nur etwa zehn Führungen geben – die Nachfrage war aber so enorm, dass daraus gleich zwanzig wurden. Damit haben in diesem Jahr über 4000 Menschen dieses Angebot genutzt. Dort bietet ein Team um den Gemeindereferenten Stephan Schwär seit 2004 jedes Jahr die Möglichkeit, an gestalteten Orten vor dem und im Pfarrzentrum nachzudenken, was dieses Fest mit dem Hier und Heute und mit mir selbst zu tun hat – sei es im Hof zum Einzug in Jerusalem, im Speicher zum letzten Abendmahl, in der dunklen Scheune zu Verleugnung und Kreuzigung oder im wunderbar hell geschmückten Pfarrsaal zu Auferweckung und neuem Leben. In der Ausschreibung heißt es:

«Sie sind herzlich eingeladen, biblische Geschichte neu zu erleben. Als Besucher betreten Sie gestaltete Räume, die die einzelnen Tage von Palmsonntag bis Ostern lebendig werden lassen … Sie werden bei Ihrem Gang begleitet, die Geschichte wird lebendig. Damit wird die Geschichte auch ein Teil der heutigen Zeit. Sie ist nicht abgeschlossen vor 2000 Jahren, sie ereignet sich weiter, jetzt und hier.»

Die Besonderheit war für uns, dass uns nicht eine hauptamtliche Person – ein Priester, eine Theologin oder ein Religionspädagoge – durch diesen Ostergarten führte, sondern ein «Laie», von Beruf Handwerker! Und er machte deutlich, dass sie sich als Team immer wieder gemeinsam Gedanken machen, was diese Ereignisse um Ostern für sie und uns heute bedeuten könnten. Die Gedanken, die er uns bei diesem Rundgang mit auf den Weg gab – beispielsweise die Erläuterung der Hosianna-Rufe am Palmsonntag aufgrund falscher Erwartungen an diesen «König», die Deutung des Abendmahls oder die «Machtfrage» des Pilatus – waren nicht nur historisch erhellend, sondern auch brandaktuell. Da wurde vermutlich auch kirchen- oder glaubenskritischen Besuchern klar: Dieses Fest hat etwas mit unserer Gegenwart, mit *mei-*

nem Leben zu tun! Für uns war das Verkündigung pur, die zu Herzen ging. Auf meine Nachfrage hin ergänzte Stephan Schwär meine Eindrücke:

> «Wir sind der Überzeugung, dass in uns und mit uns das Evangelium weitergeschrieben wird. Wenn Gott in der Geschichte wirkt, dann auch in meiner Geschichte, in der Geschichte jedes einzelnen unserer Besucherinnen und Besucher. Die biblische Geschichte wird in unserem Leben lebendig: Wir sind die, die unerfüllte Wünsche haben, die das Heil von einem Erlöser erwarten, die entgegen der Botschaft der Fußwaschung an Hierarchien glauben und die schläfrige Ohnmacht und Hilflosigkeit der Jünger in Gethsemane durchleiden … Insofern sind unsere Führungen im Ostergarten auch Liturgie!»

Ich könnte noch unzählige Beispiele nennen, wie «Laien» – und manchmal zählen sich ja auch Priester, Bischöfe und Hauptamtliche zum Volk Gottes und verstehen sich als solche – außerhalb der traditionellen Liturgie ihren Glauben überzeugend weitergeben. Da gibt es Wort-Gottes-Feiern, die ganz und gar nicht nach Schema F durchgeführt werden und so zu Herzen gehen, dass nur wenige der Teilnehmenden das «Mehr» einer Eucharistiefeier missen. Da gibt es Trauerfeiern – im Erzbistum Freiburg von schon eigens dafür ausgebildeten und darin begleiteten Laien, die wirklich Trost spenden, Wunden heilen, Kraft zu Weiterleben geben. Und es gibt liturgische Feiern im Kindergarten, von Erzieherinnen vorbereitet und gestaltet, bei denen auch die Eltern und Großeltern sich nicht als Zuschauende oder Zaungäste erleben, sondern als Angesprochene und Betroffene.

Es geht mir hier nicht darum, das Eine (die mit Nicht-Hauptamtlichen verkündigende Kirche) gegen das Andere (die hauptamtlich strukturierte und hauptberuflich gelenkte Kirche) auszuspielen. Vielmehr möchte ich den Blick weiten: «GOTT» dienen und feiern ist ein Programm, das nicht nur von der Caritas oder von Sozialarbeiterinnen und Sozialarbeitern, von Priestern und theologisch Gebildeten, sondern von allen, die an Christus als den

Auferweckten glauben, gestaltet werden kann bzw. gestaltet werden muss! Ich wiederhole hier absichtlich nochmal den Appell von Papst Franziskus: «Es wäre unangemessen, an einen Evangelisierungsplan zu denken, der [lediglich] von qualifizierten Mitarbeitern umgesetzt würde, wobei der Rest des gläubigen Volkes nur Empfänger ihres Handelns wäre».

Und ich gehe noch einen Schritt weiter: Es geht auch *nicht* um eine Qualifizierung der Liturgie, um ein mehr oder weniger wert Sein! Auch wenn ich mir nun bewusst bin, einen sehr heiklen Punkt in der katholischen Tradition anzusprechen, stehe ich zu meiner Überzeugung, dass nicht die Eucharistiefeier *allein*, sondern die gesamte Liturgie «der Höhepunkt [ist], dem das Tun der Kirche zustrebt, und zugleich die Quelle, aus der all ihre Kraft strömt», wie es in der Konstitution über die heilige Liturgie des Zweiten Vatikanums in Artikel 10 heißt. Wenn Liturgie, egal in welcher Form, für die Teilhabenden nicht immer wieder auch zu einer «Quelle» für ihr alltägliches Leben wird oder zu einem «Höhepunkt», in dem sie all ihre Freude und Hoffnung, aber auch Trauer und Angst dankend oder auch bittend vor GOTT tragen können, dann versagt sie.

In meinem Leben habe ich sicher schon tausende an Eucharistiefeiern erlebt, aber eben auch andere Formen, mit und ohne priesterlichen Dienst. Und ich habe *hier wie dort* erfüllende, Kraft spendende Momente erlebt wie auch Liturgien, die mich nicht genährt und ermutigt haben, die mir sinnlos und vergeudet erschienen. Ohne Anklage erheben zu wollen, muss ich leider resümieren, dass ich in den letzten Jahren meistens «geistlich unterernährt» aus eucharistischen Feiern hinausgegangen bin. Ich hatte bzw. wir hatten als «Berufschristen» unsere Pflicht erfüllt, sind als Kindergartenleiterin bzw. als Theologe und als Verantwortliche für den Eine-Welt-Kreis der Pfarrei mal wieder im Gottesdienst gesehen worden, aber das war's dann auch schon. Leider ist das aber nicht nur ein Problem *einer* Pfarrei, sondern wir erleben und hören es von vielen anderen auch. Als ich in einem Vortrag einmal dieses Phänomen zur Sprache brachte, dass bei uns leider viele Menschen aus den Gottesdiensten spirituell unterernährt wieder hinausgehen, meinte ein Zuhörer zynisch: «Verhungern wäre ja noch nett – die meisten werden jedoch regelrecht vergiftet!» Für mich war es klar, dass er dabei auf das Buch «Gottesvergiftung» von Tillmann Moser anspielte, der darin bereits 1980 seine eigene Glaubens- und Leidensgeschichte mit der Kirche und ihren neurotischen Vertretern aufgearbeitet hat.

Diese Sorge teilt auch mein Vorgesetzter, Generalvikar Josef Annen, mit mir. Ihm liegt die Eucharistie noch näher am Herzen. Und deshalb hat er auch in seinem «Pfingstbrief 2015», der eine Einladung zum Dialog und zur Weiterentwicklung der katholischen Kirche im Kanton Zürich ist, recht eindrücklich geschrieben:

«Im Gottesdienst den Hunger und Durst nach Spiritualität stillen

Wer einen Gottesdienst besucht, erwartet ein Wort der Ermutigung, des Trostes, aber auch der Herausforderung. Gläubige wollen im Gottesdienst spirituell gestärkt werden. Das erreichen oft wenige, aber von Herzen kommende Worte. Menschen merken schnell, ob Predigten nur aus dem Internet heruntergeladen sind. Diese mögen zwar theologisch richtig sein, sind aber oftmals weit entfernt vom Erleben und der Sprache des Predigers. Wo das Wort Gottes verkündet wird, steht nicht der Vortragende selbst, sondern Jesus Christus im Mittelpunkt.

Kombiniert mit sorgfältiger musikalischer Gestaltung und genügend Raum für Stille gewinnt die Liturgie an Tiefgang und Attraktivität. Sind unsere Gottesdienste zu wortlastig? Wird zu viel erklärt? Sprechen Zeichen und Riten nicht auch für sich? Gibt es Momente der Stille und Zeiten des persönlichen Verweilens vor Gott?»

Es wird im «Pfingstbrief 2015» nicht eigens thematisiert, dass die Feier der Eucharistie nicht allein in der Verantwortung des Priesters liegt, der ihr vorsteht. Das lag aber einzig daran, dass wir diesen Brief auch überschaubar und dementsprechend in gebotener Kürze (maximal 20 Seiten) halten wollten. Wer jedoch Josef

Annen näher kennt, weiß, dass ihm auch hier eine Partizipation, eine echte Teil*habe* – und nicht nur Teil*nahme* – der Gläubigen sehr wichtig ist. In all den Gottesdiensten, die ich für ihn vorbereite und mit ihm gestalte, ist es immer wichtig, möglichst alle Freiheiten zu nutzen, die das Reglement für eine Eucharistiefeier für ein Mitwirken der Gläubigen bietet.

Uns ist es aber auch wichtig, diese Einengung der Liturgie auf die Eucharistie zu überwinden. Deshalb findet sich in diesem Brief auch ein eigenes Kapitel zu anderen Formen, wie man den Gott des Lebens feiern kann:

«Die Vielfalt der Liturgie entdecken

Unsere katholische Liturgie bietet einen reichen Schatz an Gottesdienstformen. Auf dem Programm stehen vor allem Eucharistie und Wortgottesfeiern. Tagzeitenliturgien wie Laudes und Vesper sind in unseren Pfarreien noch wenig bekannt. Da und dort entstehen einfache Mittags- und Abendgebete. Wo die eucharistische Anbetung gepflegt wird, findet diese Anklang, nicht zuletzt auch unter jungen Menschen. Neben traditionellen Formen wie Maiandacht und Rosenkranz entstehen neue, oftmals auch ökumenische Formen von Segensfeiern, Meditationen verschiedenster Art, Bibelteilen und anderes mehr. Hier bietet sich freiwillig engagierten Laien ein weites Betätigungsfeld. Ermutigen und befähigen wir sie, ihre Charismen einzubringen.»

Mit etlichen anderen Theologinnen und Theologen vertrete ich die vielleicht absurde Meinung, dass der immer grösser werdende Priestermangel eine ungemeine Chance in sich birgt. Noch provozierender formuliert: Ich sehe darin sogar einen Wink des Heiligen Geistes. Denn so werden christliche Gemeinschaften vor die Entscheidung gestellt, entweder das Heft selbst in die Hand zu nehmen und die ihnen mögliche Liturgie zu gestalten oder den Weg des Untergangs weiterzugehen. Denn eine Glaubensgemeinschaft, die nur noch sporadisch z. B. an Hochfesten zusammenkommt, zerfällt – das ist meine Erfahrung. Die Bildung von zum

Teil riesigen «Seelsorgeräumen» (andernorts heißen sie Seelsorgeeinheiten oder Pastoralräume o.ä.), wo man im Pfarrbrief oder Internet nachschauen muss, wann und wo der nächste Gottesdienst stattfindet, und in denen sich Beziehungsgemeinschaften auflösen, löst auch die Glaubensgemeinschaften auf.

Da vermisse ich den Mut, andere Gottesdienstformen zu erproben und zu fördern, wie es beispielsweise in der Diözese Poitiers pionierhaft vorgemacht wurde. Dort hat Bischof Albert Rouet im Laufe seiner Amtszeit (1994–2011) Laien immer mehr ermutigt und ermächtigt, die Verantwortung für die Liturgie und Glaubensweitergabe selbst in die Hand zu nehmen. Er hat aus der Not (des Priestermangels) eine Tugend gemacht und die wenigen verbliebenen Priester in seinem Bistum dafür sensibilisiert, diesen freiwillig engagierten Laien quasi als «priesterliche Mitarbeiter» zur Seite zu stehen und sie zu begleiten. Leider hört man von seinem Nachfolger, dass er diese von Rouet gezogene Furche nicht tiefer zieht, sondern eher wieder zuschüttet. Schade!

Glaube braucht Zeichen

In einer Werbung auf der Autobahn habe ich einmal aufgeschnappt, wie wichtig es ist, Zeichen zu setzen. Das macht mich als Verkehrsteilnehmer für den anderen verlässlich, meidet Willkür und verhindert letztendlich auch Unfälle oder gar Katastrophen. Mein Verhalten wird für andere berechenbar, und sie können sich darauf einstellen. Das hat auch Bedeutung dafür, ob und wie wir unseren Glauben leben und transparent machen.

Selbstverständlich haben wir als Familie auch Zeichen gesetzt: Wir haben unsere drei Söhne beispielsweise getauft. Als wir für die Taufe unseres Aaron dem Pfarrer unseren Vorschlag für die Taufliturgie vorlegten, war er mit allem einverstanden außer der Formulierung: «*Wir* taufen dich im Namen des Vaters ...». Meine Frau und ich haben versucht, ihm klarzumachen, dass Taufe kein einmalig «liturgischer Akt» ist, sondern eigentlich eine Lebensaufgabe. Vergeblich. Aber er hat uns damit nicht die Überzeugung genommen. Vielmehr haben wir uns stets darum bemüht, unsere Jungs an dieses gesetzte Zeichen zu erinnern – sei es, dass wir ihnen immer wieder zu ihrem Tauftag am 13. Mai bzw. 30. August gratulierten und an diesem Tag die Taufkerze anzündeten, sei es, dass wir ihnen in zunehmenden Alter deutlichzumachen suchten, dass die Taufe für uns ein wichtiger «Wegweiser» ist, den wir von Anfang an aufgestellt haben. Und – so glaube ich sagen zu können – wir haben unsere Erziehung, unser Familienleben, unseren Umgang miteinander so gestaltet, dass das, was wir als «die Liebe Gottes» verstehen, immer wieder durchscheinen konnte, wenn auch nicht immer in vollstem Glanz. Aber ein wichtiger Satz nach einem Streit zum Beispiel war immer wieder: «Probieren wir es nochmal miteinander?»

Als dann bei beiden jeweils die Firmung anstand, habe ich immer wieder versucht, sie darauf hinzuweisen, dass sie jetzt selbst dieses Ja zu Gott und seiner (katholischen) Kirche sagen. Ich habe ihnen sogar provozierend 100.- DM angeboten, wenn sie sich nicht firmen lassen! Aber auch das war vergeblich. Der Drang, mit den anderen (Ministranten, Klassenkameraden usw.) mitzuziehen, war grösser. Ich wollte mit diesem Angebot lediglich zum Ausdruck bringen, dass ich bzw. dass wir es nicht erwarten, dass sie sich firmen lassen, wenn es für sie noch nicht stimmt. Ich wollte sie ermutigen, mit diesem «Zeichen» (Sakrament) vielleicht noch zu warten, bis sie «nach reiflicher Überlegung» ein volles und ehrliches Ja zu ihrer Taufe und damit zu «GOTT» sagen können. Denn ich war überzeugt, dass sie dafür noch nicht die nötige «Reife» hatten. Ich will damit aber nicht die Behauptung aufstellen, dass eine «geistliche Reife» vom Alter abhängig wäre: Es gibt Menschen, die schon mit 16, 17 oder 18 Jahren im Glauben erwachsen geworden sind. Und es gibt zu viele, die im dritten oder fünften Lebensjahrzehnt noch einen erschreckend kindlichen Glauben haben. Bei meinen Erwachsenen in dem erwähnten Kurs «Wie geht katholisch?» erlebe ich zum Großteil eine tiefere Auseinandersetzung mit dem Glauben und reifere Entscheidung für die Kirche, die ich mir auch für andere Christinnen und Christen wünsche. Aber leider ist für die Meisten die Katechese – also die Hinführung zur Glaubens*entscheidung* – nach der Firmung abgeschlossen. Meine Hoffnung ist und bleibt, dass dieses Defizit endlich einmal umfassend wahrgenommen und dementsprechend agiert wird.

Einen kleinen Schritt in diese Richtung haben wir, die Verantwortlichen für diesen Kurs, dadurch gemacht, dass wir ihn nicht nur für Menschen anbieten, die sich – als nichtkatholische – für diese Version des christlichen Glaubens interessieren oder auch dazu über- bzw. eintreten wollen, sondern auch für Katholikinnen und Katholiken, die in ihrem Glauben nicht zugrunde gehen, sondern auf den Grund gehen wollen. Manchmal bin ich so verwegen vorzuschlagen, dass wir das ganze Tamtam um Firmung und Konfirmation einfach sistieren und uns ganz auf die Erwachsenenkatechese, also die Begleitung und Glaubensvertiefung von Menschen in der Stabilitätsphase (nach der Familiengründung), konzentrieren. Und dann Firmungen und Konfirmationen feiern, die einer Priesterweihe oder Ordination gleichwertig sind. Meist höre ich dann aber nur: «Träum weiter!» Ja, ich träume weiter, auch aufgrund meiner und unserer eigenen Lebens- und Glaubenserfahrung.

Als wir, meine Frau und ich, uns kennenlernten, waren wir beide schon im kirchlichen Milieu beheimatet. Theologe und Kindergartenleiterin – beide im kirchlichen Dienst. Angelika war gerade dabei, einen sogenannten Pastoralkurs zu absolvieren, nachdem sie schon im Jahr zuvor einen «Bibelkurs» besucht hatte – jeweils an mehreren Samstagen im Jahr. Inspiriert war sie dazu von unserem gemeinsamen «Chef», Pfarrer Herbert Dewald, der seinen Mitarbeiterinnen und Mitarbeitern (gerade auch den freiwilligen) immer wieder ans Herz legte, dass man sich auch im Glauben ständig weiterbilden muss. Nach unserer Entscheidung zu heiraten und nach Festlegung des Hochzeitsdatums haben wir uns umgeschaut, wie wir uns darauf gründlich vorbereiten könnten. Das Erzbistum Freiburg bzw. das Familienreferat des Seelsorgeamts bot dazu Wochenendseminare an, aber auch ganze «Brautleute-Wochen». Wir entschieden uns für die vom 26. Dezember bis zum 2. Januar. Eine ganze Woche lang haben wir uns mit elf anderen Brautpaaren auf diese unsere Entscheidung vorbereitet. Begleitet wurden wir dabei von einem Ehepaar und einem Priester, teilweise auch von einer Ärztin und einem Psychologen. Sechs Tage lang gönnten wir uns den Luxus, uns gemeinsam mit verschiedensten Themen auseinanderzusetzen. Da ging es zum Beispiel um die eigene Lebensgeschichte; das Rollenverständnis von Mann und Frau; um Zärtlichkeit, Erotik und Sexualität; um Kommunikation, auch in Bezug auf den Glauben: mein und unser Gottesbild, Kirchen-, Sakramentenverständnis usw. In bester Erinnerung ist mir das Thema Konflikte und Konfliktbewältigung. Da war jede und jeder Einzelne, jedes Paar und auch wir als Gruppe zutiefst angesprochen und herausgefordert.

Zwölf Brautpaare, die sich alle 1989 nach dem katholischen Ritus das Ja-Wort gaben – und ich wage zu behaupten: gut überlegt! Aus diesen Ehepaaren wurden Familien mit insgesamt 28 Kindern, die sich fast jedes Jahr wieder für ein Wochenende treffen, teilweise mit einer externen Begleitung. Für uns waren und sind das so etwas wie «Inspektionen»: Wir lassen uns «in die Karten schauen» und sehen auch, dass andere ähnliche Freuden und Hoffnungen, Ängste und Sorgen haben. Gemeinsam haben wir gefeiert, aber auch getrauert und bewältigt: dass drei Paare sich getrennt haben, unser Kind Elias gleich nach der Geburt und eine von uns mit 48 Jahren an Krebs gestorben sind, dass ihr Mann wieder eine Partnerin gefunden hat, die ganz toll in unseren Kreis passt usw. Und nach 25 Jahren fuhren wir gemeinsam eine Woche lang nach Rom – die Silberhochzeits-Reise.

Wir haben Zeichen gesetzt – nicht nur vor dem Traualtar, sondern längst zuvor und lange danach. Und wir setzen sie nach wie vor. Wir sind überzeugt, dass man es nicht nur lernen kann, bewusst(er) kirchlich zu heiraten, sondern auch – und das ist das «sakramentale» daran – die Partnerschaft lebendig zu (er)halten, kreativ und konstruktiv zu streiten, ihr eine zweite, dritte … Chance zu geben – immer wieder den Neuanfang zu wagen. Wenn wir als Kirche von der Ehe als Sakrament sprechen, dann sollte bei uns nicht nur dieser kirchliche Akt in der Kirche im Sinn sein, sondern ein Lebensvollzug. Denn wahre Liebe geht weit über diesen angeblich «schönsten Tag des Lebens» (der es hoffentlich nicht als solcher bleiben wird!) hinaus, sie «fällt nicht vom Himmel» und bleibt automatisch für alle Zeiten. Liebe schenken und Liebe annehmen zu können, muss man lernen. Man muss sich immer wieder eine Aus-Zeit *für* die (nicht *von* der!) Partnerschaft gönnen, weil sonst mit der Zeit das Aus kommt.

Und genau hier sind wir als Kirche gefragt: dass für uns nicht die Vorbereitung und dann die Spendung der Sakramente das Wichtigste ist, sondern die lebenslange Begleitung, wo immer diese gewünscht ist von Menschen guten Willens (*bonae voluntatis*). Auch hier geht es nicht um ein Entweder-oder, sondern um ein Sowohl-als auch, und das in guter Balance. Das bestätigt auch Papst Franziskus in seinem Schreiben über die Freude [an] der Liebe («Amoris laetitia»), wenn er in Nr. 134 schreibt:

> «[Die eheliche Liebe] verwirklicht sich in einem andauernden Weg des Wachstums. Diese so besondere Form der Liebe, welche die Ehe darstellt, ist zu einer ständigen Reifung berufen … Die eheliche Liebe pflegt man nicht vor allem dadurch, dass man von der Unauflöslichkeit als einer Pflicht spricht oder die Doktrin wiederholt, sondern indem man sie durch ein ständiges Wachstum unter dem Antrieb der Gnade festigt. Die Liebe, die nicht wächst, beginnt in Gefahr zu geraten, und wir können nur wachsen, wenn wir auf die göttliche Gnade mit mehr Taten der Liebe, mit häufigeren, eindringlicheren, großherzigeren, zärtlicheren und fröhlicheren Gesten der Zuneigung antworten.»

Hier könnte die Kirche auch ein Zeichen «wiederbeleben», das sie in den zurückliegenden Jahrzehnten regelrecht verschleudert hat: die Beichte bzw. das Sakrament der Versöhnung. Ich brauche hier nicht eigens auflisten, wieviel Blödsinn damit getrieben wurde in den Beichtstühlen. Die Generation meiner Eltern weiß davon mehr als genug zu berichten. Für die Jüngeren der Leserschaft sei hier erläutert, dass nach deren Angaben für nicht wenige Priester in den Beichtstühlen offenbar das sechste Gebot (Keuschheit – oder Sex nur, um Kinder zu zeugen!) das Höchste war. Da wurden dann schon manchmal recht peinliche und indiskrete Fragen gestellt! Rückblickend betrachtet muss die Frage erlaubt sein, ob hier wirklich immer das Seelenheil der Beichtenden oder der Voyeurismus der Beichthörenden im Vordergrund standen. Deshalb wurde auch in den Gesprächen zur Vorbereitung dieser Familiensynode immer wieder gefordert, die Kirchenleute sollten mehr den Blick ins Wohnzimmer anstelle ins Schlafzimmer werfen.

Es ist wohl kaum von der Hand zu weisen, dass die Kirche diese Menschen, die für ihre Seele Heilung suchten, an andere «Seel-Sorgende», an psychologisch ausgebildete Therapeuten und Therapeutinnen, abgegeben bzw. verloren hat. Und es ist andererseits nicht verwunderlich, dass auch innerhalb der Kirchen dieses Zeichen (Sakrament) neu aufblüht und angefragt ist, wo Priester diese Kompetenz erworben haben und entsprechend einsetzen. In einigen deutschen Diözesen wird diese Neuausrichtung schon deutlich erkannt: Da gibt es eigene Aus- und Weiterbildungen für sogenannte Laien zur «Geistlichen Begleitung», die dann auch – wie ich aus persönlichen Berichten weiß – solche Beichtgespräche führen. Diese greifen eine Tradition in der katholischen Kirche auf, die schon auf den Kirchenlehrer Thomas von Aquin (1225–1274) zurückgeht, der diese ausdrücklich empfohlen hat. Solch eine «Laienbeichte» beinhaltet auch die Vergebungsbitte (im Fachjargon: deprekative Absolution), die zwar die sakramentale Beichte nicht ersetzt, was aber den Beichtenden in den meisten Fällen gar nichts ausmacht. Und es werden solche Laien auch ausgebildet für die Trauerpastoral und den Beerdigungsdienst. Das hat den Vorteil, dass die immer weniger werdenden Hauptamtlichen, also nicht nur die Priester, nicht immer mehr Trauernde «versorgen» müssen, sondern dass eine größere Zahl von kompetenten Gläubigen zur Verfügung steht, um vielleicht zur richtigen Zeit am richtigen Ort das Richtige zu tun.

Kirche muss Zeichen setzen – und das heißt, die Mitträgerinnen und Mitträger dieser Kirche (Priester wie Laien) müssen Zeichen setzen, sakramental wirken, in ihrem eigenen Leben, aber auch im Leben der anderen. Und deshalb ist es meines Erachtens ein Gebot der Stunde, dass gerade die katholische Kirche sich langsam verabschiedet von der «Omnipotenz» der geweihten Priesterschaft. Nur weil ein Mann die Priesterweihe durch Handauflegung erhalten hat, muss er noch lange nicht befähigt sein, all das erfüllen zu können, was das Kirchenrecht ihm auferlegt. Und es grenzt schon fast an Ironie, wenn man die entsprechende Passage im Kirchenrecht nachschlägt, wofür alles ein Pfarrer zuständig sein soll:

«Um die Hirtenaufgabe sorgfältig wahrzunehmen, hat der Pfarrer darum bemüht zu sein, die seiner Sorge anvertrauten Gläubigen zu kennen; deshalb soll er die Familien besuchen, an den Sorgen, den Ängsten und vor allem an der Trauer der Gläubigen Anteil nehmen und sie im Herrn stärken. Und wenn sie es in irgendwelchen Dingen fehlen lassen, soll er sie in kluger Weise wieder auf den rechten Weg bringen. Mit hingebungsvoller Liebe soll er den Kranken, vor allem den Sterbenden zur Seite stehen, indem er sie sorgsam durch die Sakramente stärkt und ihre Seelen Gott anempfiehlt. Er soll sich mit besonderer Aufmerksamkeit den Armen, Bedrängten, Einsamen, den aus ihrer Heimat Verbannten und sich ebenso denen zuwenden, die in besondere Schwierigkeiten geraten sind. Auch soll er seine Aufgabe darin sehen, die Ehegatten und Eltern bei der Erfüllung der ihnen obliegenden Pflichten zu stützen und die Vertiefung eines christlichen Lebens in der Familie zu fördern.» (vgl. Canon 529 § 1 CIC/1983).

Vielleicht wäre es ratsam gewesen, den folgenden Satz aus Canon 529 § 2 noch diesem obigen gleich hinzuzufügen:

«Der Pfarrer hat den eigenen Anteil der Laien an der Sendung der Kirche anzuerkennen und zu fördern … und sich auch darum zu bemühen, dass die Gläubigen für die pfarrliche Gemeinschaft Sorge tragen … und an Werken zur Förderung dieser Gemeinschaft teilhaben oder sie mittragen.»

Für mich gibt es künftig nur noch eine Kirche, die von *allen* mitverantwortet und mitgetragen wird, ob Priester oder Laie, haupt- oder ehrenamtlich, von bezahlten oder freiwillig Engagierten – oder sie wird nicht mehr sein.

Wer glaubt, stirbt anders

Wer mich näher kennt, weiss, dass ich jetzt zu einem meiner «Lieblingsthemen» komme: Tod und Sterben. Das hat wahrscheinlich auch schon eine frühkindliche Prägung: Als ich sechs Jahre alt war, starb mein heißgeliebter Opa August am 1. Januar 1966. Damals war es üblich, dass die ganze Familie sich um den Sarg versammelte und sich von dem Toten verabschiedete. So auch bei uns. Nachdem Pfarrer Kleinwegen meinem Opa die «letzte Ölung», wie man damals noch sagte, gespendet hatte, durften auch wir Kinder den Opa nochmal streicheln und ihn «zum lieben Gott gehen lassen». Acht Jahre später (1974) verabschiedeten sich die Eltern meiner Mutter. Nachdem mein Opa Eugen – dessen Name ich als zweiten Vorname trage – ganz plötzlich an einem Herzinfarkt starb, hatte meine Oma Marie auch keine Lust mehr zu leben und starb exakt vier Wochen später. In meinem Beerdigungsdienst als Pastoralreferent der Pfarrei St. Antonius (1990–1993) mit mehr als hundert Bestattungen pro Jahr erfuhr ich des Öfteren in Trauergesprächen, dass Verstorbene sich quasi selbst entschieden hätten, das Leben nun zu beenden – und das ohne Suizid und ohne Unterstützung durch eine der schweizerischen Sterbehilfe-Organisationen.

Auch der Tod meiner Eltern war so geprägt: Meine Mutter Irmgart lag schon an Weihnachten 1987 «im Sterben», aber sie wollte – als ich nach Hause geeilt war – unbedingt noch, dass ich mit Angelika zusammen wie geplant nach Rom fahre. «Ich warte schon, bis ihr wieder da seid!», gab sie mir zu verstehen – und sie starb dann tatsächlich erst am 20. Januar 1988. Und als mein Vater Ende November 2003 nach einer längeren Leidensgeschichte vom Arzt gesagt bekam, dass sein Bein wegen des Wundbrands amputiert werden müsse, verweigerte er die Operation und starb exakt zehn Tage danach. So stolz und selbstbestimmt wie er sein ganzes Leben gelebt hat, so ging er auch.

Dies alles sind persönliche Erfahrungen, die mich immer wieder zu der These verleiten, dass der Mensch sein Leben und Sterben selbst «in der Hand hat» – und nochmals betont: Ich spreche hier keineswegs von Suizid! Bei einer Tagung zum Thema Alterssuizid war es dann ein angesehener Gerontologe, Dr. Heinz Rüegger, als Theologe und Ethiker wissenschaftlicher Mitarbeiter am Institut Neumünster in Zollikerberg bei Zürich, der über das «Sterben in Würde» sprach. Er hatte meine volle Aufmerksamkeit, als er in seinem Vortrag zum Fazit kam:

> «Problematisch am heutigen Verständnis eines selbstbestimmten Sterbens ist allerdings die oft vollzogene Identifizierung eines ‹würdigen› Sterbens mit einem ‹selbstbestimmten› Sterben, als wäre es eines Menschen unwürdig, den Prozess des Sterbens hinzunehmen und zu erdulden, wie er sich ereignet, wenn wir ihn unmanipuliert geschehen lassen, ohne ihn medizinisch hinauszuschieben oder abzukürzen … Die Psychotherapeutin und Sterbebegleiterin *Monika Renz* hat wiederholt darauf hingewiesen, dass das Loslassen-Können, dass die Bereitschaft zum Durchleben eines Sterbeprozesses mit allem, was einem dabei widerfährt, eine elementare Voraussetzung für ein existenziell gutes, humanes Sterben ist.»

Bei der anschließenden Diskussion bestätigte Heinz Rüegger dann noch meine langjährige These, dass um das Thema Sterbehilfe eigentlich ein viel zu großes Spektakel vollzogen wird. Auf eine entsprechende Frage antwortete er etwa so: Wer heute sterben wolle, könne dies genauso wie die Indianer, die wir aus den Filmen Karl Mays kennen: sich zurückziehen an einen einsamen Ort und Manitu das Leben zurückgeben. Früher wie heute brauche man dazu rein medizinisch nicht mehr als zehn Tage. Die Medizin spricht dabei von einem «terminalen Fasten», wie es der ehemalige Zürcher Stadtarzt Albert Wettstein in einem Interview im Tagesanzeiger (28. Mai 2014) dargelegt hat. Auf die Frage, wie so etwas vor sich gehe, antwortet er:

«[Das finale Fasten ist] eine natürliche Art zu sterben. Ist jemand lebens-
müde, fallen Essen und Trinken ohnehin schwer. Essen und Trinken
sind mit Lebensgenuss verbunden. Die Menschen, die terminal fasten,
verhungern nicht, und sie verdursten nicht. Bei guter Mundpflege haben
sie keine Durst- und Hungergefühle. Sie lassen das Leben los und sterben. Und sollten sie es sich noch einmal anders überlegen, können sie
nach Tagen wieder mit Essen und Trinken beginnen. Das ist natürlicher
und schöner, als mit Schläuchen im Körper auf den Tod zu warten.»

Zudem habe eine Studie in den USA kürzlich nachgewiesen, dass
man dabei weniger leide als bei der Einnahme eines tödlichen
Cocktails und dass man einen höheren inneren Frieden habe.

Damit soll von meiner Seite aus nicht die dringend notwen-
dige Diskussion um den organisierten Suizid Totkranker oder seit
Neuestem auch von lebensmüden, alten Menschen beiseitege-
schoben sein, wie sie hier in der Schweiz von Organisationen wie
DIGNITAS angeboten wird. Ich teile mit vielen Experten die
Ansicht, dass wir als Kirchenleute gegen die Autonomie der Menschen nicht ankommen, die ihr Leben lang selbstbestimmt gelebt
und nun im Alter auch selbstbestimmt gehen wollen. Dieser nun
alt gewordenen 68er-Generation mit einem «moralischen Zeige-
finger» zu kommen, verstärkt nur noch die Abseitsposition der
Kirchen. In der Offensive dagegen sind Bücher und Filme, die sich
mit dem Thema «selbstbestimmt sterben» befassen wie beispielsweise

   – das Buch von Tiziano Terzani «Das Ende ist mein Anfang»
(2006), das 2010 mit Bruno Ganz als Hauptdarsteller auch als
· Film in die Kinos kam, in dem das bewusste Abschiednehmen
eines Vaters von seinem Sohn nach einem «satten und erfüllten Leben» dargestellt wird, oder
   – das Buch «Tanner geht» (2008) von Wolfgang Prosinger, das
sprichwörtlich «unter die Haut geht», weil einem beim Lesen
vielleicht erstmals klar wird, was so ein Mensch alles durch-
macht, ehe er sich entschließt, in die Schweiz zu gehen und
dort Sterbehilfe in Anspruch zu nehmen. Tanner leidet unter

vielen Krankheiten, darunter auch Parkinson, und kann nur mit stärksten Medikamenten die Schmerzen noch aushalten. Er weiß, dass ihn ein qualvoller Tod erwartet.

– der Film «Satte Farben vor Schwarz» (2010), in dem ebenfalls Bruno Ganz als der an Prostatakrebs erkrankte Fred mit seiner Frau Anita, gespielt von Senta Berger, nach langem Ringen den sanften Freitod wählt, damit ihre Liebe ewig währt, wie sie am Ende beide betonen.

– der 2014 in den Kinos angelaufene Film «Hin und weg», in dem Hannes (Florian David Fitz) und seine Frau Kiki (Julia Koschitz) mit Freunden wie jedes Jahr zu einer Radtour starten, dieses Mal mit dem Ziel Belgien. Hannes leidet 35-jährig an Amyotrophe Lateralsklerose (ALS), einer nicht heilbaren degenerativen Erkrankung des motorischen Nervensystems. Das Ende seines Lebens ist schon absehbar – und er kennt diesen Leidensweg, weil schon sein Vater an dieser Krankheit starb. Deshalb hat er in Belgien schon die Sterbehilfe organisiert, was er seinen Freunden und Freundinnen aber erst unterwegs eröffnet. Nach dem Schock tun sie aber genau das, was er sich für seine letzten Tage wünscht: das Leben in vollen Zügen genießen. Wie auf kino-zeit.de beschrieben, ist es ein Film mit einer dezent vorgetragenen Botschaft, die uns neben der Vergänglichkeit vor allem eines nachdrücklich ins Gedächtnis ruft: den Wert der Freundschaft, die alle Grenzen des Lebens überwinden kann. Der Film, der erst am 23. Oktober anlief, hatte bis Ende des Jahres fast dreihunderttausend Zuschauerinnen und Zuschauer.

Solche Bücher und Filme beeinflussen heute den Mainstream an Meinungen. Nachweislich haben die meisten Menschen heute keine Angst vor dem Tod, aber vor einem langen und schmerzvollen Sterben, dem Angewiesensein auf andere.

Statt gegen ein selbstbestimmtes Sterben zu kämpfen, sollten wir als Kirchen eine klare Positionierung in Bezug auf die «Palliative Care» einbringen, also die Beratung, Begleitung und Versorgung schwerkranker Menschen in ihrer letzten Lebensphase. Hier setzen wir Zeichen, dass wir die Endlichkeit menschlichen Lebens akzeptieren und deshalb sowohl auf das künstliche Verlängern des Sterbens durch medizinische Maßnahmen verzichten wie auch die organisierte Beihilfe zum Suizid ablehnen.

Grundlegend müssen wir uns einfach mal abgewöhnen, immer wieder zu behaupten: «Es war Gottes Wille» oder «Auf Gottes ewigen Ratschluss hin ...». Denn dadurch leugnen wir schon eine Wirklichkeit, die Heinz Rüegger als das Phänomen unserer Gegenwart beschreibt: dass wir nämlich medizinisch und psychisch den Tod schon lang «domestiziert» haben:

«Ging man früher davon aus, dass einem der Tod zu bestimmter Zeit als unabwendbares Schicksal widerfährt (‹wenn es dem Herrn über Leben und Tod so gefällt›!), können wir heute ein gutes Stück weit selbst mitbestimmen, ob eine Krankheit zum Tode führt oder überwunden wird. Und weil wir rein objektiv medizinisch darüber entscheiden können, wird daraus auch ein Entscheiden-Müssen, ob wir wollen oder nicht. Wir haben in vielen Fällen gar nicht mehr die Möglichkeit, über Ort, Zeitpunkt und Art des Sterbens nicht zu entscheiden. Sterben ist weithin zu einem von Menschen bestimmten Sterben geworden!»

Was heißt das nun in Bezug auf den Glauben? Für mich zweierlei:

- Kirche muss ihre Verkündigung betreffend Tod und Sterben neu überdenken. Vielfach wird bei Beerdigungen oder Urnenbestattungen das offizielle kirchliche Rituale (also jenes Buch, in dem Gebete und Lesungen für Trauerfeiern vorgegeben sind) benutzt. Ich persönlich kann mindestens die Hälfte aller Vorschläge nicht nachvollziehen, weil genau jene «Vorhersehung» und «Jenseitsvertröstung» zur Sprache kommt, die wohl die Mehrheit der Anwesenden gar nicht versteht bzw. verstehen kann. Die Kirche katapultiert sich durch solche unreflektierten Zeremonien aus dem Denk- und Lebenssystem vieler, die dies miterleben. Und deshalb werden bei «Freidenkenden» (und ich meine damit nicht nur die Konfessionslosen) lieber die freien Trauerredner oder überhaupt freie

Riten genutzt als die – schon finanziell billigere – Variante durch den Pfarrer oder eine andere Vertretung der Kirchen. Die Vorbereitung und Gestaltung von Abschiedsfeiern wie auch die gesamte Trauerpastoral braucht Zeit und hohe Sensibilität. Wer dies nicht aufbringen will bzw. kann, soll es lieber sein lassen, denn er oder sie schadet nicht nur «dem Unternehmen Kirche», sondern vielmehr noch den Betroffenen. Und von denen haben sich schon zu viele aufgrund solcher Erfahrungen von der Kirche abgewandt. Positiv ist, dass die Deutsche wie auch Österreichische und Schweizerische Bischofskonferenz 2012 ein «Manuale» für die kirchliche Begräbnisfeiern herausgegeben haben, das diesem Postulat weitgehend Rechnung trägt!

Und ein Zweites, für mich viel Wichtigeres:

• So wie wir als Christinnen und Christen leben *und* sterben, geben wir Zeugnis von unserem Glauben – mit Worten und noch viel mehr ohne sie. Das Zeugnis Jesu, lieber den Kreuzestod in Kauf zu nehmen, als seine Botschaft vom Reich Gottes zu verraten, wenn es brenzlig wird, hat (wie schon gezeigt) Unfassbares hervorgerufen. Das Zeugnis der zahlreichen Märtyrer, die lieber ihr Leben hingaben, als dem Kaiser zu opfern, und damit ihren Glauben zu leugnen, hat unzählig viele neue Gläubige hervorgebracht. Das Leben vieler Mystikerinnen und Mystiker, die nach eigenen Aussagen schon auf Erden «den Himmel offen sahen» und deshalb durch Todesandrohungen nicht zurückgeschreckt werden konnten, hat etliche Machthaber an ihre Grenzen gebracht. Und ein ganzes Heer von gläubigen Menschen, die «friedlich entschlafen» sind, weil sie aus einer Hoffnung lebten, die über dieses Irdische hinausging, hat schon mehr Menschen zum Umdenken gebracht als viele Predigten in den Trauergottesdiensten.

«Tiefgläubige» Menschen sind für mich *nicht* diejenigen, die mit einer persönlichen Gewissheit dem Jenseits entgegeneilen, weil sie sich dort das wahre Heil, die Erlösung von allen Gebrechen oder Benachteiligungen erhoffen – und im Gegenzug oft die

Bestrafung all derer, denen es im Diesseits besser erging. «Tiefgläubige» Menschen haben hier, in diesem Leben, ihre «Erfüllung» gefunden in der tiefen Überzeugung: Ja, es war gut und sinnvoll, *dass* ich gelebt und *wie* ich gelebt habe! Solche Menschen können dann irgendwann in ihrem Leben – und das muss nicht erst im hohen Alter sein – mit Paulus sagen: «Tod, wo ist dein Stachel?» (1 Korinther 15,55), gerade weil der Tod für sie der endgültige Abschluss, die «Vervollkommnung» ihres Lebens ist.

Eine grosse Heilige (selbst wenn sie *nur* seliggesprochen wurde) ist für mich die junge Chiara Badano. Kurz zusammengefasst, geht ihre Geschichte so:

Chiara Badano kam 1971 in einem kleinen Dorf in Norditalien zur Welt. Ihre Eltern waren einfache Arbeiter. Chiara war sportlich und spielte Klavier. Mit 18 Jahren wurde bei Chiara ein aggressiver Knochenkrebs diagnostiziert. Operationen, Chemos, verschiedene Therapien führten nicht zur Genesung. Im Sommer 1990 beschlossen die Ärzte deshalb, die Behandlungen einzustellen. Chiara gab sich duldsam und überraschend gelassen in ihr Schicksal. Die Art, wie Chiara ihren Umgang mit ihrer Familie, ihren Freundinnen und Bekannten und auch mit ihrer Erkrankung gestaltete, war von einer tiefen Beziehung zu Jesus geprägt. Ihr Verhalten weckte Erstaunen, ihre innere Klarheit und die tiefe Freude in ihren Augen wirkten berührend und anziehend. Ihre letzten Worte an ihre Mutter waren: «Sei glücklich, denn ich bin es auch!» Als Chiara Badano am 7. Oktober 1990 starb, blieb das Zeugnis eines jungen Menschen, der den Alltäglichkeiten des Lebens eine große Bedeutung geben konnte. Chiara Badano wurde am 25. September 2010 in Rom seliggesprochen. Chiara hatte nur 19 Jahre zum Leben, aber sie hat in den letzten Jahren alles gegeben, was ein gläubiger Mensch zu geben vermag.

Es gab auch in meinem eigenen Leben schon etliche Zeiten, in denen ich dachte, wenn ich jetzt sterben würde, dann wäre das *für mich* der richtige Moment: zufrieden mit mir selbst, im Frieden mit meiner Lebenswelt und satt an Leben. In solchen Momenten bin ich überzeugt, dass ich der Welt alles gegeben habe, was ich bis jetzt geben konnte: meine Lebens- und Glaubensfreude, meine Hoffnung, meine Zuversicht. Zumindest erlebe ich es so, wenn Menschen nach Festen, Romfahrten, Tagungen, Gottesdiensten, Gesprächen usw. mir sagen, dass es für sie einfach nur toll und bereichernd war, was sie mit mir und durch mich erlebt haben. Und ich denke in solchen Momenten dann auch: Wenn ich jetzt sterbe, kann ich keinen Blödsinn mehr anrichten, der all mein Tun und Denken, mein Reden und Handeln widerlegen könnte. Klar, vielleicht käme nach meinem Tod die eine oder andere «Fehlleistung» doch noch heraus, von der bislang nur ich und sehr wenige wissen – nach *meiner* eigenen Einschätzung halten sich diese jedoch in verzeihlichen Grenzen.

Der Tod ist für mich eine «Besiegelung» dessen, woran ich gestern und heute geglaubt habe, und eine «Vollendung» des Menschen, der ich *bis heute* geworden bin: Egal, was dann meine «Hinterbliebenen» über mich denken und wie sie mich sehen: Ich selbst kann an diesem Bild, das ich durch mein Leben, mein Verhalten, meine Beziehungen usw. gezeichnet habe, nichts mehr ändern. Nur noch diejenigen, die an meinem Grab stehen, können es verändern. Deshalb habe ich bei Bestattungen gerne das Gebet aus dem bereits erwähnten Rituale gesprochen: «Vollende du, Gott, das gute Werk, das er auf Erden begonnen hat!». Aber ich meinte damit nicht nur den Gott im Himmel (oder wo auch immer er sein mag), sondern alle, die das Göttliche in sich tragen, also gerade auch diejenigen, die diesem Verstorbenen etwas zu verdanken, für oder von ihm etwas weiterzuführen oder auch ihm zu verzeihen haben.

Irgendwie finde ich es schade, dass heute dieses natürliche Verhältnis zum Tod oft zu fehlen scheint. Franziskus – und ich meine nun den Ordensgründer aus dem Mittelalter – hatte noch liebevoll von seinem «Bruder Tod» gesprochen und ihn stehend empfangen. Für mich ein Idol, auch wenn ich nicht ganz seine Überzeugung teile, dass der Tod nur der Übergang zu einem neuen Leben ist.

Und das Jenseits?

Ich bin mir voll im Klaren, dass ich jetzt an einer der wichtigsten Schrauben des christlichen Glaubens drehe und von einigen bestimmt als Ketzer oder sogar als Atheist gebrandmarkt werde. Aber wenn ich schon das Thema Tod und Sterben anspreche, dann komme ich nicht umhin, auch meine Überzeugung über die «letzten Dinge» zu bekennen. Mein lieber Freund Josef Hüger wäre enttäuscht, wenn ich dazu nichts schriebe.

Ihn habe ich vor vielen Jahren damit schockiert, dass ich ihn bei einer Diskussion über die «letzten Dinge» (Himmel, Hölle, Fegfeuer) konfrontiert habe mit dem Satz des Philosophen Ludwig Wittgenstein: «Wovon man nicht sprechen kann, darüber muss man schweigen.» Wie ihn beschäftigen wohl sehr viele Menschen Fragen wie: Gibt es das Leben nach dem Tod?, oder: Gibt es den Himmel, die Hölle und das Fegfeuer wirklich? Von mir als Theologen hatte er natürlich erwartet, dass ich ihm versichern und beweisen könne, dass es einen Himmel, eine Auferstehung der Toten, aber auch eine Hölle und ein Fegfeuer gebe. Aber ich musste nicht nur ihm ganz offen und ehrlich eingestehen, ich weiß es nicht. Und ich behaupte sogar, keiner und keine weiß es!

Als Christinnen und Christen glauben wir daran, dass es nach dem Tod ein anderes Leben gibt. Zumindest bekennen wir in unserem Glaubensbekenntnis in fast jeder Eucharistiefeier: «Ich glaube an ... die Auferstehung der Toten und das ewige Leben. Amen». In einer Vorlesung hat uns der Freiburger Liturgiewissenschaftler Helmut Büsse darauf aufmerksam gemacht, dass dieser dritte Teil des Credos keine Aufzählung dessen ist, was wir alles glauben, sondern ein Bekenntnis zum Heiligen Geist. Richtig geschrieben bzw. gedacht müsste es seiner Meinung nach heißen:

Ich glaube an den heiligen Geist: (er offenbart sich durch) die heilige katholische Kirche, (durch) die Gemeinschaft der Heiligen, (durch) die Vergebung der Sünden, (durch) die Auferstehung der Toten und (durch) das ewige Leben.

Der Glaube an das jenseitige «Leben» kann demnach nur aus einer «Geisterfülltheit» hervorkommen, die nichts mit Wissen, wohl aber mit Gewissheit zu tun hat! Keineswegs ist jedoch dabei an eine garantierte Versicherungsleistung gedacht, die jenen zugutekommt, die ihr Leben lang der Kirche treu geblieben sind – sei es auch nur durch die Zahlung von Kirchensteuern und die Erfüllung der Kirchenpflichten. Aber genau damit hat ja die – vor allem katholische – Kirche vehement zu kämpfen: Sie war es, die bis zur Neuzeit den Gläubigen weismachte bzw. weismachen wollte, dass sie ein Monopol auf der Vergabe der «Fahrscheine» ins Jenseits habe. Der ganze Ablasshandel (mit der Folge der Reformation bzw. der Kirchenspaltung) war davon bestimmt, dass es einerseits Kirchenleute gab, die diese «Zöllnermacht» für sich beanspruchten. Andererseits gab und gibt es auch unzählige Menschen, die dieser Kirche auch diese Macht zusprachen, ja, sie geradezu erwarteten, indem sie Geld oder Buße leisteten, um sich einen Platz im Himmel zu erwerben («Wenn das Geld im Kasten klingt, die Seele in den Himmel springt»).

Ich habe für mich die Gewissheit, und ich glaube daran, dass es so etwas wie den «Himmel» gibt. Aber der Himmel, den ich meine, hat mit dem blauen Himmel, den wir oben am Firmament sehen, nichts gemein. Die englisch sprechenden Menschen haben es da ein wenig besser, weil sie unterscheiden können zwischen dem Himmel dort oben (*sky*) und dem anderen Himmel, der ausserhalb unseres Fassungsvermögens liegt (*heaven*). Und dieser *heaven* ist eben nicht *exklusiv* jenseitig, *nach* unserem Leben hier auf Erden, sondern er ist «transzendent»: Er lässt uns ahnen und spüren, dass es ein Leben *jenseits* von allem Materiellen, Messbaren und Nachweisbarem gibt. Deshalb schweben auch Verliebte «im siebten Himmel», deshalb können wir auch für ganz besondere Momente in unseren (Glaubens-)Leben geisterfüllt singen:

«Da berühren sich Himmel und Erde!» Im Geist wird dieser transzendente Himmel (*heaven*) für mich im Hier und Heute schon transparent, und ich kann als mystischer Mensch eine Ahnung davon weitergeben mit den Worten des hl. Stephanus: «Ich sehe den Himmel offen ...» (Apostelgeschichte 7,56). Denn die größte und erhabenste Aufgabe eines Seelsorgers und einer Seelsorgerin ist doch wohl, anderen Menschen wie sich selbst «den Himmel offen zu halten», himmlische Erfahrungen zu ermöglichen?!

Natürlich klingt das sehr *diesseitig*, gibt wenig Trost und sagt nichts darüber aus, wie es denn dann nach dem Tod weitergeht. Natürlich werde ich mich freuen, wenn es so etwas wie ein Leben nach dem Tod gibt: ein Wiedersehen mit unserem Elias, wie es auch Eric Clapton in seinem Song «Tears in heaven» nach dem Unfalltod seines vierjährigen Sohnes besungen hat; ein Wiedersehen mit meinen Eltern und vielen Menschen, die mir immer noch am Herzen liegen und mit denen ich mich über den Tod hinaus verbunden weiß. Ja, vielleicht könnte es sogar auch dann noch manche Versöhnungen geben mit denen, auf die ich zu ihren Lebzeiten stinksauer war, weil sie mir und anderen das Leben schwer gemacht haben – vielleicht würden sie mir sogar entgegenkommen und um Verzeihung bitten ... Denn – um nochmal Eric Clapton zu zitieren: «Jenseits dieser Tür gibt es nur Frieden und keine Tränen!» Aber wir müssen auch zugeben: Das alles sind Träume und Sehnsüchte, um deren Erfüllung keiner und keine von uns *weiß*, die ich nur hoffen und glauben kann! Als gläubige Christinnen und Christen können wir uns an Jesus halten, der vor seinem Tod zu den Jüngerinnen und Jüngern – und damit auch uns selbst – zusagte:

«Euer Herz lasse sich nicht verwirren. Glaubt an Gott und glaubt an mich! Im Haus meines Vaters gibt es viele Wohnungen. Wenn es nicht so wäre, hätte ich euch dann gesagt: Ich gehe, um einen Platz für euch vorzubereiten? Wenn ich gegangen bin und einen Platz für euch vorbereitet habe, komme ich wieder und werde euch zu mir holen, damit auch ihr dort seid, wo ich bin.» (Johannes 14,1–3)

Aber einen absoluten und wissenschaftlichen Beweis dafür können wir ebenso wenig erbringen wie diejenigen, die der Überzeugung sind, dass nach unserem Tod tatsächlich das unvorstellbar absolute «Nichts» kommt. Wenn es tatsächlich so wäre, dann frage auch ich mit diesen: Wovor fürchten wir uns dann?

Wenn ich also einerseits die Hoffnung habe, dass es so etwas wie den Himmel (*heaven*) gibt, dann muss ich konsequenterweise aber auch die Befürchtung haben, dass es so etwas wie die Hölle gibt – und dies eben nicht als «Nichts», sondern als absolute Abwesenheit Gottes, der Liebe. Auch wenn der von mir sehr verehrte Michelangelo Buonarroti in der Sixtina in Rom – seiner Zeit und seinem Glauben entsprechend – das Höllenszenario in seinem Jüngsten Gericht wunderschön an die Stirnwand malte: Ich glaube, so kann man Hölle heute nicht mehr verstehen und «verkaufen».

Auch die «Hölle» ist in unserer Alltagssprache ja voll präsent: «Sich das Leben zur Hölle machen», oder «Da war die Hölle los». Die Hölle kann man im Hier und Heute erleben. Meine schlimmsten «Höllenqualen» habe ich dann erlebt, wenn wir uns als Eheleute oder Familie nichts mehr zu sagen hatten, wenn statt Liebe nicht Wut oder Hass, sondern, was viel schlimmer ist, Gleichgültigkeit das Miteinander beherrschte. Denn das Gegenteil von Liebe ist nicht der Hass. Der ist ja nur eine andere Form von Leidenschaft. Das Gegenteil von Liebe ist vielmehr die Gleichgültigkeit! Deshalb sind für mich «höllische» Menschen diejenigen, denen andere völlig gleichgültig sind im Sinn von wertlos, für die das Leben anderer nichts zählt. Menschen, die nur auf sich selbst, ihren Besitz und Wohlstand fixiert sind, bauen mit an einer höllischen Welt. Um Hölle erfahrbar zu machen, brauchen wir keinen «GOTT» – das schaffen wir schon selbst ...

Aber ob es auch eine jenseitige Hölle, eine ewige Verdammnis gibt? Ich kann es mir nur schwer vorstellen, aber ich muss die Möglichkeit denken, dass ein solcher gleichgültiger Mensch sich auch in seinem Tod noch gegen das Leben, gegen die Liebe, gegen die Versöhnung mit Gott entscheidet. Aber auch hier kann ich nur sagen: Ich weiß es nicht! Und ich halte es kaum für möglich. Aber das hängt auch damit zusammen, dass ich mein Augenmerk mehr auf dieses «Dazwischen» richte, auf die Phase zwischen dem Leben und dem Tod.

Ja, ich glaube – auch wenn das jetzt manche überraschen wird – an so etwas wie das Fegfeuer! Ich habe mich als Theologiestudent für eine Seminararbeit einmal recht intensiv mit der Lehre von Ladislaus Boros beschäftigt, einem ungarischen Theologen, der von Karl Rahner promoviert worden war. Er vertrat in seinen entsprechenden Schriften die sogenannte Endentscheidungs-Hypothese: Jeder Mensch bekommt demnach im Augenblick seines Todes die Möglichkeit, unabhängig von seinem ganzen Leben, sich ein letztes Mal für oder gegen Gott zu entscheiden. In diesem Seminar haben wir auch von medizinischer und psychologischer Seite her zusammengetragen, dass es nicht undenkbar – vielleicht sogar recht wahrscheinlich – ist, dass es im Tod einen zeitlosen Moment geben kann, in dem mir mein Leben (wie im Film) nochmal radikal bewusst wird und ich auch im Brennpunkt der grenzenlosen Liebe (Gottes) spüre: Jetzt gibt es kein Zurück mehr. Jetzt ist meine allerletzte Entscheidung gefordert: Reue und Umkehr oder ... Tja, was, wenn nicht? Doch ewige Verdammnis, Qualen, wie sie Michelangelo dargestellt hat? Aber die vielen Referate, die wir in diesem Seminar erarbeitet haben, auch über Nahtoderlebnisse, haben mich zu der Überzeugung kommen lassen, dass in diesem einen zeitlichen Moment sehr wahrscheinlich jeder Menschen so ergriffen ist, dass er sich seiner Sünden – der Abkehr von der Liebe – schämt und sie bereut. Deshalb habe ich nicht die Gewissheit, aber die Hoffnung für jeden Menschen, das ihm die Hölle erspart bleibt.

Natürlich träume ich und sehne ich mich danach, dass es nach meinem Tod einmal so schön sein wird, wie es in dem romantisch zu Herzen gehenden Film «Ghost – Nachricht von Sam» mit Patrick Swayze, Demi Moore und Whoopi Goldberg in den Hauptrollen dargestellt ist. Und natürlich hoffe ich, dass auch ich – nach dem möglichen Fegfeuer – wie Sam in dieses absolute Licht eingehen darf, aus dem es dann kein Zurück mehr gibt und auch nicht geben soll. Aber diese Hoffnung allein macht ja meinen Glauben nicht aus, weil der christliche Glaube von uns mehr verlangt als nur vom Jenseits, einem Leben nach dem Tod zu träumen. Der Glaube hat sein Fundament im Diesseits und öffnet sich von hier aus dem Jenseitigen. Wahrer Glaube hat, wie es Paulus formulierte, den Tod schon hier besiegt: «Tod, wo ist dein Stachel? Tod, wo ist dein Sieg?» (1 Korinther 15,55) Und viele Mitmenschen – nicht nur solche wie Franz von Assisi – haben es uns schon vorgemacht, dass man nach einem erfüllten, satten Leben, das nicht vom Alter abhängt, «gehen» kann – in Ruhe und im Frieden entschlafen.

Deshalb wiederhole ich, was ich schon zu Beginn gesagt habe und immer sagen werde, wenn man mich fragt, ob es einen Himmel, eine Hölle oder ein Fegfeuer tatsächlich gebe: Ich *weiß* es nicht, aber ich möchte daran glauben dürfen! Und all jenen, die sich auf diese Ebene des Dialogs nicht einlassen wollen oder können, sage ich: «Wovon man nicht sprechen kann, darüber muss man schweigen.» Ein solches Schweigen bedeutet jedoch keineswegs, dass einem Disput über das, was den Glauben an «GOTT» ausmacht, der Boden entzogen wird. Dazu hat dieser zu viele Facetten – und das Jenseits ist nicht die einzige!

Meine Kurzformel des Glaubens

Vermutlich werden jetzt Kolleginnen und Kollegen in der Theologenzunft schmunzeln bei dieser Überschrift. Denn sie kennen vermutlich alle die «Kurzformeln des Glaubens» von einem Karl Rahner oder einem Josef Ratzinger. Und vielleicht spekulieren sie nun, dass ich abgehoben bin und mich in die Reihe dieser großen Theologen stellen will. Das will ich keineswegs!

Ich will lediglich das all hier Zusammengeschriebene auf einen kurzen Nenner bringen, auf einen Satz, den man sich leicht merken kann. Ich habe ihn nicht selbst entworfen, sondern verdanke ihn meinem schon erwähnten Doktorvater, Bernd Jochen Hilberath, Professor für Dogmatik und Ökumene in Tübingen, der mich 1996 inspiriert und motiviert hat, meine Dissertation zu schreiben und der mich dann auch 1999 zur Promotion durch die Tübinger Eberhard Karls Universität vorgeschlagen hat. In den Kolloquien, die wir damals hatten, hat er immer wieder diesen einen Satz gesagt und interpretiert, der für mich dann zum Kernsatz des christlichen Glaubens wurde:

«Als Christinnen und Christen
leben wir nicht aus uns selbst
und nicht für uns selbst!»

Es bedarf wohl keiner ausschweifenden Erläuterung, dass Gläubige *aus Gott* leben und von ihm gerufen sind, *für die Mitmenschen – für diese Welt* zu leben, in die sie hineingeboren sind und in der sie leben. Und ich hoffe, dass auf diesen Seiten, die ich bis hierher gefüllt habe, deutlich geworden ist, wer dieser «GOTT» *für mich* ist, aus dem ich mein Leben zu gestalten versuche und der mich motiviert, *für andere* da zu sein und zu helfen, dass nicht nur unser eigenes Leben, sondern eben auch das anderer gelingt – oder wieder gelingt. Und nicht zuletzt hoffe ich, dass auch klar geworden ist: Der «GOTT», an den ich glaube, findet sich wahrlich nicht nur innerhalb der Kirchenmauern, sondern mitten in dieser Welt.

Das «Für-andere-da-Sein» ist aber auch grenzwertig. Denn es baut auf Gegenseitigkeit, auf Beziehung, Freundschaft, Verstehen*wollen*. Zwischen mir und dem bzw. den anderen fließt ein Fluss. Aber jederzeit und überall lassen sich über diesen Fluss Brücken bauen. Es müssen nur beide – von beiden Seiten aus – dazu bereit sein.

Im Laufe meines Lebens sind mir durch viele Freundschaften, erst recht aber auch durch meine Partnerschaft und durch die Erfahrungen mit unseren beiden Söhnen fünf Wörter sehr wichtig geworden, mit denen ich meine «Kurzformel des Glaubens» abschließend doch noch einmal näher erläutern will. Sinnigerweise sind es die «5 V», die natürlich bestens zu uns «fünf Vögeles» passen: Vertrauen, Verantwortung, Verlässlichkeit, Verzeihen und Verzicht.

VERTRAUEN

Bei unserer Hochzeit 1989 haben wir geschrieben: «Wir trauen uns». In den Deutungen zu Beginn des Gottesdienstes haben wir bekannt: Wir trauen uns uns gegenseitig zu – im Vertrauen, dass wir den Weg nicht alleine gehen, sondern dass ihn viele mit uns gehen, auch der, den wir «GOTT» nennen. Und wir trauen uns zu, dass wir in all den Veränderungen, die sicher kommen, uns immer neu suchen und finden werden. Herbert Dewald, der uns bei dieser Trauung als Priester assistiert hat, ist in seiner Predigt darauf eingegangen mit einem Bild, das uns bis heute wichtig ist: «*Glaubt nur nicht, dass die zwei Gleise sich am Horizont treffen – sie tun es nicht, auch wenn es optisch so scheint. Tut aber alles dafür, dass sie immer im gleichen Abstand zueinander verlaufen, dann kann der*

Zug eures Lebens immer weiter darauf vorankommen!» Vertrauen heißt also, dem anderen trauen, auch wenn er oder sie nicht da ist. Und da geht es mir mit diesem «GOTT» ebenso wie mit guten oder wahren Freundinnen und Freunden: Es kann sein, dass wir eine ganze Weile uns nicht erleben, wochen- oder monatelang nichts voneinander hören. Aber wenn wir dann zusammen sind, dann ist die Beziehung, das Vertrauen, die Offenheit wieder ohne große Anlaufschwierigkeiten da!

VERANTWORTUNG

Glauben geht nicht, wie es Gabriela Lischer in Anlehnung an die Regel des heiligen Benedikt so treffend formulierte, in «kurzen, spirituellen Sprintphasen». Sprinter und Sprinterinnen sind ja meist auch ganz allein unterwegs oder versuchen, andere abzuhängen. Glauben und Lieben ist ein lebenslanger Prozess voll Dynamik, Beweglichkeit, mit Auf -und Abstiegen. Wenn ich den, den ich als «GOTT» hier beschrieben habe, nur (ge-)brauche, wenn es mir nicht gutgeht, und ihn dann um Hilfe bitte, dann ist mein Gottesbild mangelhaft. Denn er hat für uns einen *Zuspruch*, aber auch einen *Anspruch* an uns. Dieser Gott hat zu mir und zu uns gesprochen, hat uns seine «Weltanschauung», seine Vision für diese Welt mit*geteilt.* Er hat mir und uns Verantwortung übertragen und nimmt uns auch in die Verantwortung. Er will von mir und uns eine verbindliche, dauerhafte Zusage. Und er will auch, dass wir anderen gegenüber verantwortlich sind. Das Zweite Vatikanische Konzil hat dies wunderbar formuliert: *«in Freude und Hoffnung, in Trauer und Angst».* Wahre Freunde und Freundinnen zeichnen sich für uns dadurch aus, dass sie beide Seiten des Lebens mit uns teilen – so wie wir auch bei ihnen sind, wenn wir dies dürfen, wenn es ihnen gut- oder auch dreckig geht.

VERLÄSSLICHKEIT

Ob in Bezug auf «GOTT» oder auf Freundinnen und Freunde: Es kommt auch sehr auf das «Lassen» an – das Sich-sein-Lassen, das Sich-verlassen-Können auf den anderen. Für mich zählt die Verlässlichkeit zu den größten Tugenden meines Glaubens, auch wenn sie nirgends in dem offiziellen Katalog der Tugenden erscheint. Ich leide darunter, dass diese Tugend anscheinend immer weniger Wert hat, auch bei Kirchenleuten. So schreibt auch Josef Annen in seinem «Pfingstbrief 2015» eindringlich: «Erreichbarkeit und Verlässlichkeit sind Voraussetzungen zur Nähe in der Pastoral. Dies gilt in besonderem Maß für Seelsorgerinnen und Seelsorger vor Ort. ... Es ist für Beziehungen im wahrsten Sinn des Wortes tödlich, wenn ein Anruf, ein E-Mail oder ein Brief unbeantwortet bleiben.» Aber wie sollen die Menschen *uns* noch glauben, wie sollen wir Freunden und Freundinnen noch Glauben schenken, wenn wir uns nicht aufeinander verlassen können? Deshalb beginnt der Glaube an «GOTT» für mich auf dieser zwischenmenschlichen Ebene, bei mir selbst und meiner Glaubwürdigkeit.

VERZEIHEN

Für mich ist es ein ganz besonderes Markenzeichen von diesem «GOTT», den uns Jesus neu vorgestellt hat, dass er uns verzeiht und auch uns auffordert, immer wieder einander zu verzeihen. Und mit ein klein wenig Stolz kann ich auch sagen: Es ist Markenzeichen unserer Familie, dass wir auch nach den schlimmsten Streits, die wir hatten, doch immer wieder gesagt haben und sagen: «Versuchen wir es nochmal miteinander?» Es wäre für mich ein ganz starkes Signal, wenn meine katholische Kirche, an der mir – wie hoffentlich deutlich wurde – so viel liegt, auch selbst immer wieder zum «Zeichen und Werkzeug» für dieses Verzeihen wird. Sie hat nicht nur in der jüngeren Vergangenheit viel Schindluder getrieben mit den Menschen, war viel zu selten barmherzig und großmütig und müsste zunächst einmal selbst aufrichtig und ehrlich um Verzeihung bitten! Aber genauso müsste sie auch jenen Verzeihung gewähren, die sich – in den Augen der Kirche – «schuldig» gemacht haben, und sei es nur, weil sie den hohen, idealen Ansprüchen dieser nicht gerecht werden konnten. Papst Franziskus hat, wie einige seiner Vorgänger, ganz deutliche Signale in diese Richtung gewiesen. Jetzt müssen sie aber auch an der Basis umgesetzt werden.

VERZICHT

Wer glaubt, verzichtet – in allererster Linie auf die Vollkommenheit! Er oder sie verzichtet aber auch *anderen zuliebe* auf das Alles-haben-Wollen, auf das Beherrschen der eigenen Zeit, auf das Rechthaben-Wollen und vieles mehr. Aber er oder sie verzichtet nicht, um im Himmel – wo auch immer das sein mag – einen größeren Lohn dafür zu erhalten, sondern weil der Lohn schon im Hier und Jetzt als reichlich empfunden wird, weil man immer wieder neu erfahren kann: Es lohnt sich zu verzichten ...

Einer vertrauens- und verantwortungsvollen, verlässlichen, verzeihenden und auch Verzicht übenden Kirche, die diesen «GOTT» in Tat und Wort dient, möchte ich gerne weiterhin leidenschaftlich dienen – mit vielen anderen zusammen, die mit mir bekennen:

«Wir leben nicht aus uns selbst und nicht für uns selbst!»

Zu guter Letzt: «GOTT» ist da

Es gäbe noch sehr vieles zu schreiben und noch mehr zu erzählen. Wenn ich nun versuche, zu einem Abschluss zu kommen, zu einem Resümee, dann in erster Linie mit der Hoffnung, dass dieses Buch eher gelesen wird, wenn es nicht allzu umfangreich ist. Im Grunde soll es ja auch nur eine Einladung zum Gespräch sein.

Natürlich könnte es noch ergänzt werden durch allerhand praktische Hinweise, konkrete Erfahrungen usw. Aber letztlich gibt es keine Rezepte, keinen Regieplan, wie diese Glaubensweitergabe, wie ich sie hier verstehe, umgesetzt werden kann – das muss jede und jeder für sich selbst und mit anderen herausfinden. Es geht um nicht mehr und nicht weniger als um eine *andere* Ausrichtung, «Formatierung» meines eigenen und unseres kirchlichen pastoralen Denkens und Planens. Es geht mir darum, ein anderes Verständnis von «glauben» bzw. gläubig sein zu entwickeln, bei dem nicht so sehr im Vordergrund steht, Gott zu verkünden (im Sinne von: die Unwissenden belehren), sondern vielmehr darum, Gott zu entdecken – in meinem eigenen Leben und im Leben der anderen.

Das lese und höre ich bei Papst Franziskus heraus, wenn er an die Teilnehmer der Vollversammlung des Päpstlichen Rats zur Förderung der Neuevangelisierung im Oktober 2013 sagt:

«Niemand ist von der Hoffnung des Lebens, von der Liebe Gottes ausgeschlossen. Die Kirche ist gesandt, diese Hoffnung überall wieder zu wecken, vor allem aber dort, wo sie durch schwierige, mitunter gar unmenschliche Lebensbedingungen erstickt wird, wo die Hoffnung nicht mehr atmen kann und erstickt …»

Und an einer anderen Stelle spricht mir Franziskus voll aus dem Herzen, wenn er im Interview mit dem Jesuiten Antonio Spadaro, das der Vatikan *nicht* dementiert hat, sagt:

> «Ich habe eine dogmatische Sicherheit: Gott ist im Leben jeder Person. Gott ist im Leben jedes Menschen. Auch wenn das Leben eines Menschen eine Katastrophe war, wenn es von Lastern zerstört ist, von Drogen oder anderen Dingen: Gott ist in seinem Leben. Auch wenn das Leben einer Person ein Land voller Dornen und Unkraut ist, so ist doch immer ein Platz, auf dem der gute Same wachsen kann. Man muss auf Gott vertrauen.»

Kirchen, die von sich behaupten, dass ihre *wesentlichste* Auf-Gabe die Seelsorge – das «Heil» der Menschen – ist, müssen aber auch besorgt sein, genügend Seelsorgerinnen und Seelsorger zu haben, die mit dieser Grundhaltung die Kirche mitten in der Welt anwesend sein lassen. Sie brauchen Christinnen und Christen, die eben nicht nur hauptamtlich und hauptberuflich, sondern auch ehrenamtlich und freiwillig – wie der alte Sokrates im Athen des 4. Jahrhunderts v. Chr. – auf den Straßen ihrer Stadt nach diesem «Gott des Lebens» suchen, ihn entdecken helfen, aber auch wahrnehmen, wo dieser Gott des Lebens verschüttet und begraben wird. Und dazu bedarf es einer Sensibilität und einer vertrauten Nähe für diese Art der Seelsorge.

Ich erinnere mich noch gut an ein Taufgespräch, das ich in den ersten Jahren meines Dienstes als Pastoralreferent im Auftrag des Pfarrers führte. Ich kam in eine 1-Zimmer-Dachgeschosswohnung, in der eine alleinerziehende junge Mutter mit ihrem kleinen Kind auf engstem Raum lebte. Bisher war ich immer gewohnt zu fragen: Warum wollen sie ihr Kind taufen lassen? Hier hat es mir «die Sprache verschlagen», und ich suchte mit dieser Mutter zusammen herauszufinden, wie ihre Lebenslage verbessert werden könnte. Bei einer meiner nächsten Predigten erwähnte ich dieses Erlebnis und legte es so aus: Wenn wir als Pfarrei dieses Kind taufen, dann müssen wir auch Verantwortung übernehmen, dass es in besseren Verhältnissen aufwachsen kann. Und diese «Fürbitte» hat tatsächlich gefruchtet – es fanden sich Leute, die eine andere Wohnung fanden und auch ganz praktisch Unterstützung anboten.

In diesem Sinn kann ich nur einladen, sich auf die Suche und auf Entdeckungen einzulassen, wo «GOTT» und alles, was wir mit ihm verbinden, in dieser Welt und bei den Menschen, mit denen wir zu tun haben, vorkommt. Ich bin überzeugt: Wir werden überrascht sein, in wie vielen Häusern und Wohnungen, die zu unseren Pfarreien und Kirchgemeinden gehören, Glaube gelebt, füreinander gesorgt, miteinander gelacht und geweint, gedankt und gelobt, einander getröstet und verziehen, das Leben im Sinne Gottes gelebt wird ... da *ist* schon Kirche, da *ist* «GOTT»!